U0586995

周雁翎 著

小学家校共育24讲

海燕出版社
·郑州·

图书在版编目（CIP）数据

小学家校共育24讲 / 周雁翎著. — 郑州：海燕出版社，2024.3
ISBN 978-7-5350-9307-3

Ⅰ.①小… Ⅱ.①周… Ⅲ.①小学–学校教育–合作–家庭教育–研究 Ⅳ.①G626

中国国家版本馆CIP数据核字（2023）第202012号

小学家校共育24讲
XIAOXUE JIA XIAO GONGYU 24 JIANG

出 版 人：李 勇		美术编辑：谢 珂	
选题策划：范 戈 杜丹丹		责任校对：屈 曜 郝 欣	
项目统筹：杜丹丹		责任印制：邢宏洲	
责任编辑：乔 磊			

出版发行：海燕出版社
　　　　　地址：河南自贸试验区郑州片区（郑东）祥盛街 27 号　邮编：450016
　　　　　网址：www.haiyan.com
　　　　　发行部：0371-65723270　总编室：0371-63932972
经　　销：河南省新华书店
印　　刷：河南瑞之光印刷股份有限公司
开　　本：710 毫米×1010 毫米　1/16
印　　张：9.5
字　　数：180千字
版　　次：2024 年 3 月第 1 版
印　　次：2024 年 3 月第 1 次印刷
定　　价：38.00 元

如发现印装质量问题，影响阅读，请与我社发行部联系调换。

前　言

家长该如何做好家长

2020 年，信阳市第九小学（简称"九小"）再次荣膺"河南省卓越家长学校"称号。这份荣誉来之不易，九小的生源 70% 以上都是进城务工子女，学生家长大多忙于生计，既没时间也没精力教育孩子。然而，在新的时代，教育从注重知识向注重核心素养转变，如果没有家长支持，仅靠学校，还是无法实现新时代的教育目标。

为解决此问题，九小于 2016 年确立办学使命："让我们一生幸福成长"。"我们"不仅指师生，也涵盖家长。学校决定重视家长的"特殊性"，并采取积极的措施，以提升家长综合素养，促进家庭和谐文明，传递"终身学习"理念，履行学校作为文化单位"教化一方"的使命。

初期，学校进行了一系列的尝试——成立家委会，举办亲子读书会、书香家庭活动……通过这些实践，学校积累了一些经验，但总体而言，这些经验相对零散、不够系统，相对浅层、不够深入，相对模糊、不够清晰。

那么，如何解决这个问题？

根据以往的经验，我们意识到，只有将教育教学活动固化为课程，才能形成体系，得到有效实施和评价，从而更好地在学生身上体现。只有形成课程，进而形成模式，才能复制经验，有效推广。因此，我们需要基于集体经验，进一步将家长培训课程化，使其成为学校的亮点和品牌，实现学校个性化发展。

这是一项宏大的工程，我带领沈娟、黄雪、赵倩霞、闫楠4位有热情的骨干教师，组成了核心团队，经过近一年的研究，我们初步形成了《信阳市第九小学家长学堂课程方案》与配套课程，并在"喜马拉雅"平台上线了家庭教育音频课程《家长会》30讲。随后，学校成立了课题组，申报了省级课题《家校共育理念下家长学校工作模式的创新与实践》，继续以问题为导向展开研究，坚持扎根实际，优化课程体系，实现持续的专业进阶。2019年，九小正式创立了家长成长学院，制定了《家长成长学院章程》，组建了讲师团队，开始了新一轮实践尝试。

我们先是确立了"理论学习与实践体验"相结合的家长成长模式。

在理论学习方面，分专题讲座和家长会两部分。

专题讲座内容经问卷调查，聚焦家长关心的热点、难点问题。为确保效果，学校坚持以班级为单位授课，主讲人为家长成长学院讲师团成员，并设立统一课程表。

家长会以班级为单位。内容上，侧重日常学习行为反馈，主讲人为班主任或任课教师。形式上，学校对家长会进行了创新与规范。每期家长会之前，学校微信公众号向家长发出"邀请函"，规范要求环境布置、作业展示、家长引领、签到记录等方面；除老师主讲外，增加"校长面对面""家长分享""学生展示"等环节；会后，老师将与个别家长进行单独交流。

在实践体验方面，分集体活动和亲子活动两部分。

集体活动含学校开放日和志愿服务活动。开放日召集家长到校体验学校生活，增进家校相互了解；同时邀请有特长的家长担任"班本课程"课堂志愿者，传授技能，目前开设有"花样馒头""剪纸""太极拳""街舞"等课程。每逢寒暑假或传统节日，大队部组织多元亲子活动，创造家庭间交流机会；每班定期举行家长参与的小队活动，增进感情，丰富体验。

我们还制定了评价方案并设计配套的《家长成长学院学员手册》，并在一年级家长成长学院开学典礼上发放，这有利于家长记录家庭生活的温馨瞬间，在评价激励中不断反思前进。

"家长成长学院"评价体系秉承"激励性"原则，实行"学分制"。评价方式含学校评价和家长自主评价两部分。学校根据各项学习活动难易程度给予不同的分值，由班主任根据考勤和学习情况评分；同时，每学期家长自评亲子关系得分。获得60学分，可在毕业典礼上获"家长成长学院"结业证书。

为确保授课质量，讲师团队陈晓珺、黄雪、沈娟、宋杨、陶海燕、杜红、左晶、刘岩和我对课程进行了反复打磨，使讲座内容贴近实际，深受家长喜爱。目前，家长成长学院已授课150多节次，参与家长突破一万人次。除线下课程外，学校微信公众号还开设了"家庭教育"专栏。2019年暑假，教研团队沈娟、申锐、刘岩、程婷婷、仲灿、郭艳玲和我完成了涵盖24个专题、十余万字的《亲子课堂》文稿和配套课件，并录制了24节公益视频教程，通过河南省"师问"网络教育平台进行展播。

目前，九小家长成长学院课程已实现线上线下全覆盖，家长对学校工作的支持度、参与度显著提升，大大增强了教师工作的积极性和幸福感，提升了教育水平，同时也赢得了社会各界的认可与好评。2019年3月，《新校长》杂志"薄弱校改造"专辑以《一所薄弱学校的潜力是如何被唤醒的》为题，深度报道了九小的困境突破历程；2020年12月，九小获得"全国文明校园"荣誉，创造了学校发展史上的新辉煌。

如今，经过大家的共同努力，《小学家校共育24讲》即将出版。这本书是编辑组成员黄雪、沈娟、赵倩霞、闫楠、刘岩、沈合力、仲灿、胡天云，插图组成员陈晓珺、王楠和家长成长学院团队全体成员夜以继日共同努力的成果，也是全体九小老师、学生、家长合力书写的成长答卷。

我们真诚期待各位同仁的批评与指正，并期待这本书成为一个纽带，联结更多的教育工作者一起参与家校共育，使千万个家庭成为社会和谐、民族进步、国家发展的基石，把实现个人梦、家庭梦融入民族梦、国家梦之中，凝聚起实现中华民族伟大复兴、共筑中国梦的磅礴力量！

信阳市第九小学　周雁翎
2022年7月

目　录

三年级：潜能转折期，提升孩子学习力

四年级：衔接优化期，营造家庭好氛围

五年级：成长黄金期，塑造孩子好性格

六年级：青春敏感期，激发孩子内驱力

目
录

第1讲　如何培养孩子良好习惯

●导读

教育就是习惯的培养：生活习惯好，自理能力就强；学习习惯好，就容易取得好成绩。习惯的养成是一个循序渐进的过程，良好的习惯应从小培养。

"少成若天性，习惯成自然"。孩子年龄越小，可塑性越大，各种好习惯越容易养成。我们应抓住习惯培养的最佳时期，及早培养孩子的良好习惯。那么，如何培养孩子的良好习惯呢？让我们一起来学习吧！

●目标

帮助家长了解孩子身心发展规律，针对一年级孩子容易出现的问题进行分析并给予对策，从生活和学习两个方面来培养孩子良好的习惯。

小学阶段是孩子习惯培养的关键期，其中一年级是习惯养成的黄金期。好习惯一旦形成，很多事不需要家长督促，孩子也会自觉完成。有些家长只重视孩子学习习惯的养成，却忽视生活习惯的培养，这是不正确的，生活习惯应先于学习习惯的培养。培养孩子良好的生活习惯会促进学习习惯的养成，而不良的生活习惯反过来会影响孩子学习。

一、生活习惯

（一）良好的作息习惯

良好的作息习惯是健康的前提和保障。睡眠是孩子生长发育、神经系统发育的必要条件。孩子睡不好，首先会影响生长发育，导致个子长不高。有研究发现，晚上睡眠时人体的生长激素分泌量可以达到白天的5～7倍，也就是说，睡晚了会抑制生长激素的分泌，使孩子长不到应有的身高。其次，晚睡会影响情绪。孩子可能会出现焦躁不安、易怒等情绪，第二天学习注意力无法集中，上课听不进去，学习效率低下。

1.合理规划时间，与孩子的作息同步

一年级的孩子正处于习惯养成的起步阶段，自律性较弱，家长需要步步紧跟，要求孩子做到的，家长要先做到。周一到周五，家长尽量不要在晚间安排聚餐、外出之类的活动，如果父母双方带着孩子参加聚会，到了休息时间，要保证有一位家长带着孩子提前回家休息。

2.营造良好的睡眠氛围

到了晚上该睡觉的时候，家长要关上电视，放下手机，调暗灯光，最好能给孩子讲一个睡前故事。让孩子在温馨、安静的环境下入眠，孩子晚上睡好了，早上自然也会按时起床。

（二）在家吃早餐的习惯

孩子最好能在家里吃早餐，早餐吃好了，一上午会精力充沛、学习效率高。如果长期不吃早餐，不仅会影响孩子生长发育而且会影响学习。因为语文、数学这样的主课一般都在上午，孩子如果早上没吃饭，肚子饿得咕咕叫，哪里会有心思学习呢？

（三）整理书包的习惯

在学校里，有些孩子经常上学忘带东西，今天没带书，明天忘带作业本。学校门口也经常有家长来给孩子送东西。出现这些情况是因为孩子没有养成整理、收纳的生活习惯。

如何教孩子整理书包呢？请参考以下三点建议：

1.做好示范演示

小学生的整理能力普遍不足，家长应该考虑好如何摆放，带着孩子一起练一练，比如在书包里，大本书放最下面，小本书或者作业本放上面，这样找东西就会很方便。建议我们找一个充足的时间，带着孩子专门在家练习整理书包。

2.提前整理书包

早上的时间比较紧张，建议孩子晚上写完作业之后立即整理书包。整理书包时，要对照课程表把第二天需要用的课本、练习册、作业等学习用品，一样一样地装进书包的固定位置。刚开始家长可以和孩子一起整理，等养成习惯之后，就可以放手让他自己收拾了。

3.不包办代替

很多家长总是替孩子收拾书包，要知道孩子的动手能力只有在实践的过程中才能养成，家长不可能陪孩子一辈子，该让孩子自己做的事情，一定要放手让孩子自己学着去做，刚开始做不好，以后多做几次就好了，家长要充分相信孩子的能力，不要总是包办代替。

二、学习习惯

学习习惯是在学习过程中经过反复练习得以形成并发展，最终成为一种自觉的学习行为方式。良好的学习习惯有利于激发孩子学习的积极性和主动性，提高学习效率和自主学习能力，使孩子终身受益。刚入学的孩子需要培养最基础的坐姿、握笔姿势和写作业习惯。

（一）坐姿

正确的坐姿应该腰背挺直，头正，肩平，臂开，足安。书写时头摆正，不能向左或向右偏，可以略向前倾，眼睛距书本约一尺（大约30厘米）。身体坐直，胸口离桌沿约一拳（大约10厘米）。两肩齐平，肩膀放松，不能一边高，一边低。两臂都放在桌子上，左手按本子，右手书写。

双脚自然平放在地上，两脚之间的距离与肩同宽。如果孩子个头低，坐的凳子比较高，脚是悬空的，家长可以在孩子脚下垫一个踏板，让孩子的脚踩在踏板上，脚就不会悬空乱晃了。

（二）握笔姿势

孩子在低年级时要学会正确的握笔姿势，否则一旦形成错误的握笔习惯，长大以后很难纠正。不正确的握笔姿势可能会导致近视、斜视，严重的还会影响坐姿造成脊柱弯曲。

在现实生活中，很多孩子甚至成年人的握笔方式都是错误的，比如拇指扣食指型、食指压拇指型、拇指紧扣食指和中指，这几种手指交叉握笔的情况很多，还有握拳型、手腕弯曲、拇指弯曲、五指伸直型都是因为没有找准正确的握笔的方法。如果孩子的握笔姿势不正确，家长可以用以下小妙招来纠正：

第1个小妙招：背儿歌

在写字的时候，可以让孩子先背一背握笔姿势儿歌，比如"食指拇指捏着，中指四指托着，小指在后藏着，笔尖向前斜着，笔杆向后躺着。"像这样的儿歌有很多，孩子可以在背儿歌的过程中回忆起读写姿势要点。

第2个小妙招：使用纸团

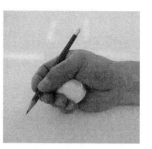

有些孩子握笔时手心捏得紧紧的，或者不知道小指和无名指该如何摆放，家长可以准备一个小纸团，写字的时候让孩子手心握着纸团，使手掌形成空拳的状态，这样可以帮助孩子理解和掌握正确的握笔姿势。

第3个小妙招：使用橡皮筋

如果要解决手指交叠的问题，可以借助橡皮筋，把橡皮筋套在拇指、食指和中指上。接着笔尖朝上，像图片里的那样，将笔旋转180度，将发圈拧成麻花状，然后把笔插入发圈。橡皮筋不能超过拇指、食指的关节，接着调整笔的位置，让笔杆自然靠在食指指根凸起处。

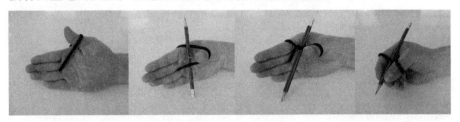

使用橡皮筋的目的是帮助拇指、食指摆放成正确的握笔姿势。如果橡皮筋勒手，可以换成宽一点的发圈，家长学会了再教孩子试一试。

第4个小妙招：使用粗杆铅笔

孩子平时用的最多的是细笔杆的铅笔，如果要解决手指交叠的问题，还可以试一试粗杆铅笔。这种笔杆要比普通笔杆粗一倍，粗笔杆要比细笔杆更好捏一些，感兴趣的家长可以买回去试试，建议买粗杆铅笔的同时要配大口径的削笔器或转笔刀，普通小口径转笔刀不能削粗杆铅笔。

第5个小妙招：使用握笔器

最常见的是套在笔杆上的握笔器，还有一些是带有固定手指功能、纠正勾手腕之类的握笔器或小工具，这些都可以帮助孩子找到正确握笔的感觉。

需要提醒家长的是，无论哪一种辅助物品都不能代替家长的监督，握笔器不是万能的，不是买回来让孩子用就能立刻解决问题。孩子好习惯的养成离不开家长的用心陪伴和耐心监督。相信只要家长用心，肯定能找到适合孩子的方法。

（三）写作业习惯

从小养成良好的写作业习惯，孩子、家长都会愉快很多。家长需要让孩子知道以下三点：

1.先写再玩

有些孩子放学后，想先玩一会儿再写作业，其实这样不好，孩子玩也玩不尽兴，最后还常常因为玩的时间把握不住，使写作业受到影响。正确的做法是，孩子放学回家可以先喝点水，上个厕所，和家长简单交流一下，一切准备好之后，就要开始写作业，争取做作业能一气呵成，完成作业之后再去玩。要培养孩子"学习优先"的观念，让孩子知道，和学习相关的事情才是最重要的，作业写不完不能做其他的事情。

2.专注认真

根据研究显示，7～10岁的孩子保持注意力集中大约20分钟，学习超过一定的时间没办法集中精力是正常的。这时就需要休息一小会儿，可以让孩子喝点水、上厕所，或者是远眺一会儿休息一下眼睛，需要注意的是，这个过程要有家长的监督与提醒，一定得把握好时间。

有的家长说，不想让孩子起来活动，一起来半天都坐不回去。如果有这样的情况，那就可以让孩子在座位上喝口水，休息一下眼睛，活动活动手指，然后再开始写作业。根据老师的观察，如果没有合理的休息时间，孩子虽然坐在那里，但是学习效率会很低，这样写作业时间用得会更久。

3.及时改错

学生每天写的作业是要求改错的，写作业的目的就是要查漏补缺，错题处反映学生当天没有掌握的知识，请家长晚上检查作业的时候，一定要看一下错题有没有改正。家长每天检查作业时要看三点：

一是检查作业是否完成。家长可以对照老师发的作业要求仔细核对一遍，避免有写错、写漏的情况。

二是检查书写是否认真。不认真写的字要重写，不能让孩子觉得"自己可以认真写字，也可以不认真写字"，这样随意的态度不利于养成良好的书写习惯，一旦确定标准，家长要配合老师让孩子知道"提笔就是练字"，拿起笔就得认真写字，一定要把老师的要求落实到位。

三是检查错题是否改正。老师早上批改作业之后，发现错误较多的题型会在班里进行讲解，一般会要求孩子当堂进行改错，如果课堂时间紧张，会把改错题布置成一项家庭作业，请家长们一定要检查这项改错作业。否则，错题越积越多，学习的知识漏洞就越来越大，慢慢地孩子就掉队了，那时再弥补就困难了。

如果家长在检查作业的过程中发现哪天作业错题比较多，可以问问孩子是不是在学习上遇到了困难，有哪些知识不会，也可以在作业本后面进行留言，通过留言告诉老师，孩子有哪些地方掌握不好，老师看见后也会根据家长反映的情况及时查漏补缺。这样一来，检查作业既可以帮助孩子，也可以成为家校沟通的桥梁。

家长朋友们，良好的习惯是一步步培养起来的，多一个好习惯，就多一份享受生活的能力；多一个好习惯，就多一份自信；多一个好习惯，就多一份成功的机会。培养良好的习惯会让孩子受益终身，好习惯越早养成，孩子越早受益，家长越轻松。

第2讲　安全呵护,快乐成长

● 导读

在中国优秀传统文化中,汉字"安全"两字非常有深意。"安"代表"有房屋,屋里有女子,有家庭",这样才能安稳、安心;"全"代表"有人有财物,比较完美周全",人在财物之上,人最重要。这两个字充分体现了中国传统文化中"以人为本、生命至上"的思想,生死之外,再无大事。

意外很可怕,比这更可怕的是人在伤害面前的无知无畏和惊慌失措。特别是孩子,他们因为年龄小,缺乏安全防护意识和自我保护能力,或是根本没有意识到自己正身处危险境地,面对危险往往手足无措。因此无论是学校还是家庭,重视安全教育都是我们义不容辞的责任。

● 目标

使家长和学生认识安全教育的重要性,了解安全教育中常见的问题,掌握安全知识,树立"珍爱生命,安全第一"的防范意识,增强自我保护能力。

最常让家长担心的莫过于孩子的人身安全问题。安全教育直接关系到孩子能否安全、健康地成长,关系到千千万万个家庭的幸福安宁和社会稳定。家长毕竟不能时时与孩子相伴,怎样才能有效地解除对孩子安全方面的困扰呢? 最根本的办法就是实施安全教育,教给孩子自护自救的本领。

从某种意义上说，孩子有了这种本领，就是有了一道"护身符"。

一、安全教育的重要性

生命对于我们每个人来说只有一次，而少年儿童的生命，更是承载着一个家庭的希望与幸福。

为了全面深入地推动中小学生安全教育工作，大力降低伤亡事故的发生率，切实做好中小学生的安全保护工作，自1996年起，我国把每年3月份最后一周的星期一确定为全国中小学生"安全教育日"。学校会经常举行各种安全教育活动，每周还会分班进行不同主题的安全班会课，事关安全的每一项工作都在扎实开展。此外，学校还会通过安全教育平台、《致家长的一封信》等渠道向家长普及各种安全教育知识，希望广大家庭都能重视起来，带着孩子真正用心地去观看安全教育平台里面的内容，让家庭教育中缺失的安全课也能实实在在地开展。

二、安全教育中的常见问题

家长们在对孩子进行安全教育时，经常会出现以下三种现象：

第一种是过度放大安全问题，认为社会上的危险因素太多，过分呵护孩子，甚至只要孩子稍微离开一下视线范围就紧张得不得了。

第二种是缺乏安全意识，把孩子的安全视为儿戏。比如一家人出去游玩，父母沉浸于自己的事情，孩子却跑得无影无踪，最后发动一大群人才找到。这种事看似有惊无险，其实回想起来很让人后怕。

第三种情况是缺乏耐心，用吓唬孩子的方式对孩子进行安全教育。对于幼儿时期的孩子来说，类似"如果你……大灰狼就会把你吃掉/坏人就会把你带走"的言辞可以起到简洁明确的提醒作用；但对于已经进入义务教育阶段的孩子而言，模糊地恐吓不如细致耐心地讲解各类安全注意事项。

三、安全教育的主要内容

对孩子进行安全教育时主要会涉及以下四个方面的知识。

（一）居家安全

1.未经大人允许不开门

孩子独自在家时，如果有人敲门，应首先隔门问清楚来人的身份，若是陌生人，千万不要开门。即使是熟人，也要先打电话告诉爸爸妈妈，征得爸爸妈妈的同意后再开门。

2.不允许别人触碰自己的隐私部位

要告诉孩子背心、内衣覆盖的地方绝对不能让人触摸；当被他人触摸身体的隐私部位时，要勇敢说"不"，要大声呼救；家长要细心观察孩子有无异常举动或言语，及时引导孩子坦率地表达情绪、说清经历；要告诉孩子，孩子与家长之间可以分享任何秘密，遇到坏人"欺负"时要及时告诉爸爸妈妈。家长也要明确认识，这不是孩子的错，不要批评指责孩子，而是要抚慰孩子的心理并及时报警。

3.提升对环境中危险因素的认识

（1）不玩"水火电"

除了远离标有"高压危险"的地方，标有"易燃易爆"的东西、引火用具不能碰以外，家长不在家时，不要让孩子使用天然气、液化气灶具等设施。要告诉孩子不能用手或金属等导电物捅电源插座的孔眼，不能用湿手触摸电器，也不能用湿布擦拭电器，不要在充电时使用手机。当然，孩子可以在家长的指导下逐步学会使用家用电器，掌握一定的生活技能。

（2）远离尖锐物品

尖锐物品在家庭中是比较多的，如剪刀、刀、针等，家长要指导孩子正确地使用，一定要告诉孩子，手拿尖锐物品（包括铅笔、筷子这一类的物品）时千万不要奔跑。

（3）防止异物入体

告诉孩子发卡、笔帽、硬币、小磁珠等物品不可塞入身体的某些部

小学家校共育24讲

位，如下体、嘴里、鼻子、耳朵等有"孔"的地方。

（4）不高空抛物

高空抛物的冲击力是我们难以想象的，家长们除了自己不要有高空抛物的习惯，还应结合具体事例教育好孩子，杜绝此类安全事故。

4.不在阳台、窗边、楼梯口嬉戏

阳台和飘窗是最容易发生坠落的地方，有些高层住户放松了防盗警惕，没有在阳台和窗户上安装防护栏等设备；而有些中、低层住户可能因为楼层不高放松了对孩子的教育。如果住楼房一定要加装防护设施，并对孩子做好安全教育。

5.防溺水安全

每年夏天，随着气温升高，外出游玩的孩子越来越多，溺水事故也进入高发期。虽然政府、学校、社会年年都强调"防溺水"，但溺水事故还是频繁发生。

亲爱的家长朋友们，请大家时刻牢记"安全第一，预防为主"，同时也要加强对孩子的安全教育，提高安全防范意识，让溺水事故减少到零。

6.食品卫生安全

养成良好的饮食习惯不仅可以让孩子减少病痛的发生，更有利于其健康成长。家长应提醒孩子注意以下事项，确保饮食卫生安全。

（1）文明进食

吃东西时要细嚼慢咽，不要狼吞虎咽，也不要同时做别的事情，更不要相互追逐、打闹，避免发生哽噎；一日三餐定时定量，不暴饮暴食。

（2）进食前要洗手

人的双手每天要接触各种各样的东西，很容易沾染各种细菌。吃东西以前要认真洗净双手，才能减少"病从口入"的风险。

（3）生吃瓜果要洗净

瓜果蔬菜在生长过程中可能会沾上寄生虫卵，还可能会有农药残留，如果不清洗干净，很有可能染上疾病。

（4）不吃"三无食品"

不购买、不食用街头小摊贩出售的劣质食品。这些食品往往卫生质量不合格，食用会危害健康。

（5）注意食品的保质期

在商店购买食品，要特别注意是否标明生产日期和保质期，不购买过期食品，不食用过期食品。

7.网络安全

家长们应当向孩子传授网络安全知识：告诉孩子没有经过父母同意，不要把自己及家人的真实信息告诉陌生人，不能私自和网友见面，不要在网上散布对别人有攻击性的言论。家长们要限制孩子玩游戏、上网、看视频等接触电子屏幕的时间，要采取积极的手机游戏管控措施，了解孩子所玩手机游戏的类型与内容，了解孩子日常接触的网络世界，进而加以引导和管理。

（二）在校安全

1.不跟陌生人走

如果家长无法保证按时接孩子放学，那么一定要跟孩子约定好，在老师指定的接送地点等待。如果见不到家长，孩子千万不要随意离开，更不能跟陌生人走。

2.防踩踏

外出时应该避免到拥挤的人群中，不得已时，尽量走在人流的边缘。发觉拥挤的人群向自己行走的方向来时，应立即避到一旁，不要慌张、不要奔跑，避免摔倒。顺着人流走，切不可逆着人流前进。假如陷入拥挤的人流，一定要先站稳，身体不要倾斜，以免失去重心，即使鞋子被踩掉，也不要弯腰捡鞋子或系鞋带。若自己不幸被人流拥倒，要设法靠近墙角，身体蜷成球状，双手在颈后紧扣以保护身体最脆弱的部位。

（三）交通安全

交通事故是造成儿童意外伤害的头号杀手，请向孩子普及以下交通安全常识：

- 过马路时走斑马线，注意观察红绿灯，千万不能闯红灯。
- 有二次过街设施的，要看最近的信号灯。
- 走路时要走人行道，没有人行道时要靠右行，注意来往车辆，切记不能在马路上追逐打闹，跨越护栏。
- 尽量走天桥和地下通道。
- 乘坐小型车辆时尽量选择后排的座位，系好安全带并坐稳，下车时要等车辆停稳，打开车门15度，观察后方安全后，从车辆的右边下车。
- 乘坐公交车时要坐稳，没有座位时要紧抓扶手。
- 车辆行驶途中不得把身体任何部位伸出车外，不得向车外扔垃圾。

这些交通安全常识大家都很熟悉，家长在教育孩子遵守的同时，更要以身作则。比如，有些家长教育孩子要安全过马路，自己却在翻越护栏；有些家长因赶时间送孩子，在马路上横冲直撞。其实家长的这些危险动作孩子都看在眼里，记在心上，因此，家长要时刻为孩子做出榜样。

（四）让孩子学会求助、防灾的方法

- 帮助孩子认识一些常见的安全标志。
- 记住家庭住址、电话号码等，一旦走失要会向成人求助，并能提供必要信息。
- 遇到紧急情况会拨打应急电话：110、119、120。
- 定期进行火灾、地震等自然灾害的逃生演习，掌握逃生知识。

如遇火灾，烟雾大时身体要紧贴地面前进，用湿过水的毛巾捂住口鼻。如遇地震，要先找一个距离自身最近的掩体进行躲避，身体尽量蹲下或者是坐下，并且抓住周围比较牢靠的物体，护住头和眼睛这些重要位置。

安全无小事，平安大如天！希望家长朋友们能把对孩子的安全教育融入日常，潜移默化地使孩子形成安全防护意识。"学习是首要，安全更重要"，希望我们能携手帮助孩子顺利度过成长期，为他们铺就一条幸福的成长之路。

第3讲　如何培养良好的阅读习惯

●导读

阅读是孩子认识世界的一种方式，养成良好的阅读习惯是孩子一生的财富。

爱阅读的孩子会有丰富的想象力和创造力，会更加热爱生活，会具有细腻的情感和丰富的精神内涵。每个父母都热切期盼自己的孩子热爱阅读。

孩子一生下来就爱阅读吗？不是这样的。作为父母，我们可以通过适当的引导让孩子慢慢爱上阅读，养成读书习惯。培养孩子的阅读习惯是有章可循的，掌握了培养孩子阅读的技巧，会让孩子逐渐爱上阅读。

●目标

一方面认识阅读的重要性，了解阅读对孩子的影响。另一方面学习培养孩子良好阅读习惯的方法。有动力，有方法，相信在培养孩子良好阅读习惯的道路上一定会更通畅。

阅读是孩子认识世界的一种方式，养成良好的阅读习惯是孩子一生的财富。

孩子最初的阅读是从亲子共读开始的，阅读兴趣、阅读习惯的培养也是从家庭开始的。

一、阅读的重要性

（一）阅读对大脑发育的影响

随着脑科学的发展，已经有许多技术可以用来探究人类活动时的大脑反应。比如用功能性磁共振成像技术来观察人在从事某种活动的时候，可以发现哪部分脑区血氧浓度明显升高，哪部分脑区显影就会更亮。

孩子在阅读的时候，大脑的哪些区域发亮了呢？

大家可能会觉得大脑的视听觉区域会发亮，因为我们阅读时得用眼睛看或耳朵听，但是脑科学研究显示，阅读绝不是那么简单，它牵涉到非常复杂的能力。

阅读时，首先触动的是视觉和听觉，大脑的视觉区和听觉区开始活动。

然后，大脑就要进一步处理和加工这些信息——看到的是什么意思，听到的是什么意思。所以阅读涉及的有图像的处理、文字的解码，还有语义的提取，因此语言区就会明显活动。

同时，语义提取之后，还要和大脑中已有经验联系，我们称之为背景知识的提取。通俗地说，就是需要思考这个东西和我们既有的认知体系有什么关联，要做因果判断和推理。这时候，人的认知区块整个都发亮，整个都活动起来了。

最后，在阅读的过程中，还有情绪的涉入，会刺激杏仁核和海马体等与情绪相关的脑区。

所以，阅读不是只有听、只有讲，它是孩子整个大脑的全方位参与。

研究显示，孩子在阅读时如果还对内容进行解释和探讨，大脑的活动会更加明显。比起孩子所进行的一些简单活动，比如搭积木、做家务、玩游戏，阅读会调动更多复杂技能的同时运用。因此，父母投入精力去培养孩子的阅读习惯、提升阅读能力是非常必要的。

（二）阅读对学习的作用

1.阅读可以让低年级孩子更好地巩固汉语拼音，拓展识字

识字是低年级孩子语文学习的重中之重，每一课都有十几个生字要识记，仅依靠有限的课堂时间来学习是远远不够的，这就要求我们必须开发和利用各种课外资源去学习巩固。

2.阅读可以为写作积累素材，提高成绩

"读书破万卷，下笔如有神。""博观而约取，厚积而薄发。"这些名言都道出了阅读积累对于写作的重要作用。提高写作能力真正的"捷径"是阅读，表面上看这是个漫长的过程，实际上它是最经济、最有效、最省心的办法。写作需要优美的文辞、深刻的体验，孩子的年龄那么小，他们从哪里学习优美的文辞，获得深刻的体验？好的作品本身就蕴含着丰富的人生体验，阅读过程就是学习写作技巧的过程。

大量的语文教学实践证明，一个学生的课外阅读量只有达到课本的4～5倍的时候，才会形成语文能力。

（三）阅读对人格培养、精神发育、自我成长的促进作用

作为一个教育工作者，笔者认为阅读的价值绝不仅仅是为了提高成绩，它对儿童的人格培养、精神发育、自我成长都有着不可替代的作用。阅读可以改变自我认知，调节情绪、想法，有助于形成健康的人生观。它不一定立竿见影，但厚积而薄发，总有一天会让孩子绽放出自己的光彩。

二、给孩子提供丰富适合的书籍

（一）选择书籍注意四个原则

第一个原则是尊重兴趣，顾名思义就是将孩子的兴趣放在首位，尤其在阅读兴趣培养的初期，先考虑有趣，再考虑有用。

有时孩子对家长中意的经典名著兴趣不大，而对那些家长觉得很普通的书却爱不释手。对于孩子而言，持久的阅读动力来源于书籍的"有趣"而不是"有用"。所以，家长们在给孩子选择阅读书目时，不要以成人的

眼光，武断地给孩子买一些你认为"有用"的书，应先摒弃能提多少分的功利思想，从建议者的角度来帮助孩子选购图书，把主动权交给孩子，让他们去选取自己感兴趣的书籍。

第二个原则是注意差异，就是根据每个孩子的自身特点引导孩子选择适合他的书来读。

对处在成长期的孩子来说，每个年龄都有不同的特点，同时，不同性格、不同性别的孩子，他们的阅读爱好也不同。读书也是如此，父母要顺应孩子的自身特点，接受他们独特的喜好。

第三个原则是阅读经典，就是引导孩子全面选择优秀的书籍来读。

说到阅读经典，我们首先想到的就是读中外经典名著，但是小学阶段，尤其是低年级孩子阅读这些名著会感到有些吃力，这时选择一些优秀的儿童绘本更适合他们阅读。绘本中精彩的插图能帮助孩子更好地理解书本内容。

第四个原则是丰富多元，就是鼓励孩子看不同种类的书籍。

文学类的书籍是小学阅读的重点，但单一的文学阅读也不利于孩子成长，这就好比孩子挑食，只吃肉类，而不吃青菜，营养肯定是不够全面的，所以在引导孩子选择图书时还要注意兼顾其他，除了文学类的，还可以选择一些数学绘本或社会大百科等门类的书籍。

（二）阶段性换书，一次不给太多

要想孩子长期保持阅读兴趣，爱惜图书，我们就不能把买回的新书一次性呈现，更不可以将一大摞书放在桌子上让孩子随便看，除看不完或者囫囵吞枣外，久而久之，会让孩子形成得之容易、不爱惜图书的坏习惯。

三、培养孩子阅读的好习惯

（一）亲子共读是最好的阅读入门方法

9岁以内的孩子依然处于依恋期，家长的陪伴和爱，对孩子是很有吸引力的。对孩子来说，他甚至是因为喜欢你抱着他或和他靠在一起这种感觉才喜欢上读书的。听可以降低阅读难度，你的语气、表情都可以辅助他理解，使阅读更轻松；和听录音相比，他不懂的可以随时提问，因此更有针对性。

1.图文对照法

对低年级的孩子来说，绘本是最好的入门级阅读材料。

我们在阅读绘本的时候，一定要利用好图，让图和文进行对照。这种阅读方法叫图文对照法。只有将图文进行对照，我们才能够明白作者和绘画者的意图。因此，阅读绘本一定不要只读文字。

2.讲演合一法

我们在给年幼的孩子读绘本时应尽可能做到声情并茂，尽可能夸张一些，这就是读绘本的第二个重要方法——讲演合一法。孩子是童话世界里走出来的人，他们可以在一秒进入另外一个世界，童话世界、植物世界、想象世界。我们想跟孩子同频共振，就要一秒变成孩子，而且还要比孩子更夸张，用我们的语言、我们的表情，为孩子打开一扇童话大门，让他们更好地理解图和文。

3.趣味猜测法

阅读中，我们可以停下来，猜一猜接下来故事会如何发展。猜测可以随时进行，可以是情节上的猜测，也可以是情绪上的猜测，猜测会把孩子带入到书本当中，会不断地调动他的想象，这种阅读不仅是看图识字，还是他的思维之旅，更是他的感受之旅、想象之旅，对孩子的帮助是全方位的。

4.延伸讨论

当我们讲完绘本或者合上绘本之后，还可以进行延伸讨论。怎么进行延伸讨论呢？我们可以从以下三个方向着手。

第一个方向叫复述回顾。读完书后，我们可以试着让孩子说，他听到了一个什么样的故事？在回顾或复述的过程中，我们不要过分强调故事的完整性，能复述多少是多少。在适当的时候，如果我们可以稍作提示，孩子能够再多复述一点儿会更好。

第二个方向叫评价人物。不管是什么样的绘本，里面都会有主人公，你喜欢谁？为什么喜欢？答案是开放的。家长也可以说自己喜欢谁及喜欢的原因。成年人的理解可能更深入，可以帮孩子打开另一扇思维的大门。

第三个方向叫联系生活。每一个优秀的绘本，都是孩子生活的另一个角度的呈现，都会与孩子的生活有重叠的地方。在读完以后我们可以试着让孩子联系自己的情况，询问他们在什么时候、什么情况下曾有和主人公一样的想法。

（二）要有良好的情绪，温和的语气

有的家长抱怨道："陪孩子看书真是太烦了，不一会儿他就坐不住了，东扭扭西歪歪的。""他在很长一段时间里就喜欢看同一本书"……

心理学家认为，"重复"的行为对年幼的孩子是很重要的，大人认为"没意思"的重复，对孩子来说，每次都有新的感受和新的体验。当孩子的认知能力有限时，在不断重复的学习过程中，他们能不断发现新的东西并逐渐达到真正的理解，而且重复还有利于孩子养成复习的学习习惯。复习是学习中不可缺少的重要环节，是对学习过的知识从新的角度及时地再认识，从而更好地理解和吸收。因此，家长要充分尊重孩子选择故事的权利，满足孩子的要求，不厌其烦地和孩子一起看书。

（三）坚持陪伴孩子阅读

一个良好习惯的养成绝不是一蹴而就的，它需要孩子坚持不懈、持之以恒。阅读是一生的修行。"现在"就是亲子阅读开始最好的时刻。如果方法正确，每天亲子共读，一般三个月就会有效果，坚持半年孩子通常都会爱上阅读。

（四）随时携带书籍

有时候，家长不得不带着孩子到工作的地方加班，或者是带着孩子去参加好友聚会。当我们与朋友交谈甚欢或者忙于工作的时候，孩子会感到很无聊，如果这时有书籍的陪伴，他们就像有了一个小伙伴一样，既能打发无聊的时间，也能培养阅读兴趣。

（五）让孩子从阅读中找到读书的成就感

成就感有时就是孩子阅读的动力，现在给孩子看的图书种类丰富，会涉及很多方面的知识，这些知识我们做家长的也未必样样都知道。我们要做个有心的家长，适时向孩子示弱，并适时对孩子进行夸奖，让孩子找到阅读的成就感。

培养孩子的阅读习惯，关键在于根据孩子的兴趣"选书"，抓住时机向孩子"推荐书"，坚持陪伴孩子"共读书"，让孩子学会"欣赏书"。如此，定能在孩子的心灵和书籍之间架起一座美丽的桥，让孩子们通过阅读成就更好的自己。

第4讲　专注力,让孩子写作业不再磨蹭

● 导读

专注力,又称注意力,对孩子来说,培养专注力的价值和意义,在于帮助孩子学习、锻炼孩子的毅力、提高孩子的自信心。

正所谓"书痴者文必工,艺痴者技必良",有针对性地进行注意力训练可以让孩子养成集中注意力的习惯。这一讲我们就来寻找孩子注意力不集中的原因,找到帮助孩子提升注意力的方法。

● 目标

一是让家长了解专注力的类型,二是找到孩子上课注意力不集中的原因,三是教会家长帮助孩子提升专注力的方法。

对任何人来说,专注力都是一笔宝贵的财富。遗憾的是,很多孩子都有注意力不集中的问题,提升孩子的专注力,不仅能解决孩子作业磨蹭、听讲不认真、不愿思考等多方面的问题,还能挖掘孩子多方面的潜能。

一、专注力的类型

专注力,指一个人专心于某一事物或活动时的心理状态,它可以分为无意注意和有意注意两种。

21

（一）无意注意

无意注意是一种自然而然发生的，不需要做任何意志上的努力的注意，比如说看电视或者玩游戏，这些都属于无意注意。孩子之所以沉迷于电子产品，就因为它那不断变化的画面、丰富鲜艳的色彩、动听好玩的声音在不断刺激孩子的视觉和听觉神经，而不需要孩子做主观意志上的努力。做生活上其他事情时，关注的对象也常常是动态变化的，保持专注相对更容易一些。

（二）有意注意

学习上要求的是有意注意，它是一种需要做一定意志上的努力的注意，这和无意注意是完全不同的概念，如读书、考试等。

孩子能保持多久的有意注意呢？调查结果显示，5～6岁的孩子一般可以保持10～15分钟的有意注意，7～10岁的孩子应该能够达到20分钟，12岁以上的孩子能坚持得更久，可以超过30分钟。

孩子有意注意的时间是随着年龄的增长而延长的。低年级孩子学习超过一定的时间，有意注意没办法集中是正常的。因此学校常常会要求给低年级孩子上课的老师，在课堂中间穿插课间互动、游戏环节，或者转换学习内容，从读变成写，使学生消除脑疲劳，保持良好的学习状态。

二、孩子注意力不集中的原因

孩子注意力不集中有多种原因，排除身体原因，一般有两种情况：

一是孩子缺乏学习兴趣，主观能动性不足，导致注意力不集中。

二是孩子的学习环境较复杂和作息不规律等因素，容易造成孩子注意力不集中。

三、提升专注力的方法

（一）缺乏学习兴趣的应对方法

1.发现和培养兴趣

用心去发现孩子的兴趣点，多鼓励孩子。他可能不喜欢数学，但他可能对数学中走迷宫的题感兴趣，这就是个"兴趣点"。有了一个点，就有可能连成"线"形成"面"。打个比方，培养孩子的兴趣，就像烧火，发现一个小火星，就寸步不离地吹，还得把握好分寸，轻轻地吹，急不得，让小火星变成小火苗，隔一段还得再加点柴。

总而言之，培养孩子的兴趣，不是一蹴而就的，需要慢慢来，家长应当认识到这一点，急于求成是不行的。

2.表扬代替催促、打骂

把小火星变成熊熊火焰，"吹"很重要。在培养孩子兴趣的过程中，这个"吹"就是家长对孩子恰当的鼓励。比如，每天先看看孩子的作业有多少，然后再看看孩子以正常的速度写作业需要多长时间，在此基础上可以多给孩子半小时的时间，然后慢慢缩短多给的时间，如果孩子在规定时间内完成了，一定得表扬，如果孩子中途又开始磨蹭了，就给孩子以鼓励。这样坚持下去，孩子写作业的速度提高了，也就不再磨蹭了。

3.自由支配节省下来的时间

能够自由支配节省下来的时间，对孩子来说是很大的诱惑，但如果你说"今天做得这么快啊，我们再去练练琴吧"，或者说"再做两张卷子吧"，那孩子是绝对不会有兴趣把作业快速写完的。

4.时间到，即停止，磨蹭需要代价

时间到了，你就可以走到孩子身边，看着他的眼睛告诉他，今天时间已经到了，如果再想写，只能等明天了。"温柔而坚定"的态度让孩子知道磨蹭是要付出代价的，而不是一面发脾气，一面无原则地拖延。例如，考试时间到，就应该立刻停止答题，否则算违纪处理。

（二）专注时间短的解决办法

家长应该怎么做才能提高孩子的专注力呢？老师认为，可以从营造环境、合理作息、正确陪伴、训练提升这四个方面着手：

1.营造一个集中注意力的环境

建议家长给孩子营造一个适合学习的环境。小孩子的注意力是非常容易分散的，一点点小小的动静都足以引起他们的好奇心。孩子本来保持集中注意力就困难，一分神再想进入专注的状态就更难了。

2.合理作息

睡眠不足，会严重影响第二天的学习效率。研究发现，运动可以促进大脑发育，运动后孩子的专注力水平会提高，精力旺盛的孩子更需要增加运动量。

3.正确陪伴

家长应选择正确的陪伴方式。许多心理学专家都说，孩子写作业不要陪，但通过对大量学生的实例观察，发现孩子写作业时还是要有一个从陪到不陪的过程。对于专注力欠缺的孩子，开始的陪伴是非常必要的。陪伴需要方法，老师提醒家长注意以下六点：

（1）放下焦虑，情绪平和

需要提醒家长注意的是，如果你是不容易控制情绪的父母，先处理好自己的心情，再处理事情。陪伴时你一定要控制好自己的情绪，放下焦虑，否则孩子会处于一种不安全的紧张状态，不利于专注力的形成。

如果你是讲求效率的父母，不要以成年人讲效率的速度感来要求孩子。家长如果一味地催促、唠叨甚至用武力威逼，只会让孩子反感、害怕甚至焦虑，他的反抗并不是跟你吵，很可能是消极的，对做作业越来越缺乏主动性，甚至故意磨蹭。

（2）不干扰、不打断

如果你是特别"关心"孩子的父母，对于孩子写作业这件事情要有个边界：怎么写作业，终归是孩子自己的事。家长现在陪写作业是为了有一天不陪，不要像监工似的"盯"着孩子，一旦发现字写得不好看，或是题目做错了，立马指责、埋怨，这样做看起来好像很负责任，其实对孩子是一种干扰，对专注力培养非常不利，不如这一科作业完成后集中指出错误。孩子学习时，家长在旁边静静地看，或者看本书，这样的陪伴和示范，对孩子来说才是最有说服力的教育方式。也就是说，家长的专注力水平很大意义上也影响着孩子的专注力水平。

（3）明确目标，规定时间

像这样坚持训练一段时间，孩子的专注力相对稳定后，家长就可以逐渐放手，适当减少陪伴。这时，家长可以指导孩子在写作业前简单地做一下计划，并约定一个完成作业的时间，如果孩子能在规定的时间内完成作业，那么家长也不妨适当地给予表扬或鼓励。反过来，写作业前如果已经明确约定好时间，而且感觉到孩子明显没有主动约束自己，那么可以要求没有写完作业也停下，让孩子体会到磨蹭是需要付出代价的。

（4）卡片提示

可以在孩子书桌正前方，贴上一些提醒专注的话，注意字不要太多，比如"专心"。还可以加上鼓励的话，比如"专心，你可以做到！专心地学习才能放松地玩儿！"

（5）正面引导

少说整体性的负面评价，不要说"你这孩子太笨了！""你是多动症吧！你就不能专心啊！"这其实是一种不良暗示。另外，有的家长总是不断指出孩子做得不好的地方，自动屏蔽孩子做得好的地方，或者觉得孩子做得好是应该的，这其实是对孩子学习兴趣的极大打击，没有了兴趣这个内驱力，孩子很难专注。要坚持正面引导原则，多做正面评价，比如"今天拿文具盒挺快的"，或者孩子不专心的时候，你给他一个大拇指，都是一种正面引导，促使他尽快恢复到专心的状态。

这样陪伴，久而久之，随着孩子学习专注力的逐渐提高，自然而然地孩子写作业也就不需要家长的陪伴了。

4.训练提升

孩子专注力不足，可以通过专项训练来提升。阅读训练、棋类游戏、拼图训练等都是非常适合孩子的方法。

（1）舒尔特方格

像现在比较有名的舒尔特方格训练法，就是一种简单、有效的专注力训练方法。家长可以在一张有25个小方格的标准舒尔特表中，将1～25的数字打乱顺序，填写在里面。让孩子以最快的速度从1数到25，要边读边指出，同时计时。

（2）亲子阅读

除此以外，亲子阅读也是一种有效的培养孩子专注力的方式。家长可以挑选一本孩子喜爱的书籍读给他听，听故事可以有效延长孩子的专注力时长，孩子在听得入迷时不仅会保持高度的专注力，还会边听边思考，展开想象，这时他的大脑里多个脑区同时工作，这是很高水平的专注力训练。

（3）限时专项训练

家长可以和孩子进行一些限时的小游戏。一分钟能做什么？试试专注的状态下1分钟能写多少个汉字，记多少个英语单词；同样的还有3分钟收拾床铺、5分钟洗漱这样的限时活动，你拿着秒表计时，孩子们普遍会喜欢这样的活动。这样的游戏让孩子对1分钟、3分钟、5分钟的长度增加感性认识，同时感觉到专注的效率如此高，切实感受到专注的好处，这会使他以后更主动地专注。

（4）棋类游戏、手工、迷宫、拼图、积木、细致家务等训练

下象棋、跳棋、围棋这些棋类游戏，剪纸、绣花、串珠等细致的手工，还有许多男孩子喜欢的积木、迷宫、拼图，甚至像剥豆子、择韭菜等细致的家务对于培养专注力也都有好处。可以说，只要你留心，生活中有很多可以训练孩子专注力的方法。

需要提醒大家注意的是，无论家长选择哪种方法进行训练，都不要盲目地同别人比较，而应该遵循孩子自身的发展规律，符合孩子的最近发展原则，多引导、不干扰。同时家长还要注意，你是孩子模仿的对象，你自身是否专注，你的专注力水平如何，都会对孩子有很大影响。我们的教育观念是"育儿育己"，如果你在教育孩子的同时也改善了自己，那不是一举两得的事情吗？

家长朋友们，专注是比智商更容易让孩子成功的因素。专注意味着效率，专注也是一种习惯。如果想让孩子改掉写作业磨蹭的习惯，那么就从培养孩子良好的专注力开始吧！

第4讲　专注力，让孩子写作业不再磨蹭

第5讲　好家风，家庭教育的乘数

●导读

为什么说"家庭是孩子的第一课堂""父母是孩子的第一任老师"？其实，撑起这两个"第一"的，并不单指父母本身，而是包含父母在内共同构筑的家庭文化和家风。

古今中外，怎样做好父母、树好家风，教育孩子成为一个健康优秀的人，是我们始终求解的一道"考题"。

《道德经》有云："圣人处无为之事，行不言之教。"为人父母每天都在"处无为之事，行不言之教"，树立家风和营造家庭文化有利于培养孩子良好的性格与习惯。

●目标

一方面要认识到父母的价值观与言行会长久地留在孩子的记忆中，影响他们未来的生活，家长应树立正确的价值观，传承好家风。另一方面父母学会在生活细节里营造家风，注重培育孩子的主体意识，与孩子平等相待，一起在生活中构建家庭文化与规范。

"家风"亦称门风，是指一个家族或家庭的风尚、风气与风格，反映的是家庭成员的精神风貌、道德品质、思想情感、审美情趣等，其本质是整个家庭的共识性的价值观念与价值追求，它的核心就是价值观，比如最重要的——如何做事、如何与人相处、如何看待国家和社会等。

一、好家风，需要共同营造

父母之爱不能缺失，父母之伴不能缺席。作为孩子的父母，怎样给孩子营造好家风呢？

（一）言传身教，当好榜样

和家长朋友们分享几个小故事：

暴雨天，一对父子发现路上的井盖塌陷了，父亲并没有离开，而是让孩子等在路边，他报完警后站在水中的井盖旁，引导过往车辆避让。

父亲的用心："孩子，也许你埋怨父亲让你淋雨挨冻，但如果我不这么做，可能会有很多人发生意外，我不想让你看到人性的冷漠，我希望能在你心里种下善的种子，希望你长大后能做一个善良的人。"

善良真的很简单，一个不经意的动作，一次偶尔的善心，可能会影响孩子一辈子，如果我们都是向善的人，那么孩子也一定是。

石家庄一路口，一对母女过马路，见到有车辆驶来，她们下意识地停步打算退回，这时车辆在斑马线前停了下来，她们顺利地过了马路，女孩还在妈妈的提示下向让行车辆鞠躬致谢。

母亲的用心："孩子，你可能觉得妈妈多此一举，但人要学会感恩，这世界上并没有那么多理所当然，大家都很忙，既然别人愿意为了你而停下自己的时间，那么你就要表达自己的感激之情。"

教育其实并不高深，生活的点点滴滴都可以成为教育的素材，小孩都是看着大人说话、学着大人的样子长大的。言传身教是一种无声的教育，其重要程度甚至远远超过孩子在学校里跟老师学到的知识。

父母是快乐的，孩子就是快乐的；父母是消极的，孩子就是消极的；父母是礼貌的，孩子就是礼貌的；父母是暴躁的，孩子也往往难以管理自己的情绪。

家长永远不知道孩子将会在自己身上学到些什么。大人的一言一行、一举一动都印在孩子的脑海里，影响着孩子成长路上的关键选择和决定。

我们无法陪伴孩子一生，但我们要给他们树立一个好榜样，只有我们躬身示范，孩子才能看齐追随。

（二）立规立戒，坚持原则

无规矩不成方圆。好家风的传承不但需要家长要做好榜样，更需要家长立规立戒，坚持原则。

孩子从小如果没有规矩来约束，很容易为所欲为，更不懂得判断自己言行是好的还是坏的。许多被惯坏的孩子都有一个共同点，就是他们的要求总是能被满足，只要一哭一闹甚至不哭不闹，父母就会一而再、再而三地降低对孩子的要求，降低底线。但是父母没有原则，不代表社会没有底线；父母不教训孩子，迟早社会会狠狠地教育他，不要等到那时再追悔莫及。给孩子立规矩，不仅对孩子起着约束作用，也能让孩子了解生活中万事万物的界限，学会控制自己，做事不要"出格"。

（三）立规立戒，使用清晰明了的指示

树立好的家风一定要有严格的规矩。制定规矩，就是要让家庭中的每一个人都能分辨责任、承担后果，学会主动、自发地去做正确的事。

每个家庭都不一样，每个孩子都有不同的特质、不同的性格和习惯，所以各家也有各家的规矩。如教导孩子料理自己的事，培养良好习惯等。

所以，我们应根据自家生活习惯及孩子的需求，制定一些能帮助孩子建立良好习惯的家规。比如睡觉、起床的时间，吃饭时不看电视，饭后帮助收拾碗筷，饭后必须漱口或刷牙等。此外，我们也应避免设定太多的非必要的规矩，使孩子因做不到而放弃。

特别要注意的是在跟孩子立规矩时，我们尽量用正面、积极的语言去表述。不要对孩子说"你别这样""这样不对"这种含糊不清、带否定的句子，应直接换成清晰明了的指示，比如"你应该把玩具都收拾到筐里面""你可以先写作业，再玩游戏，这样我会很开心的"这样的表达。

孩子对"不"字开头的句子通常不会有什么好感，换成含意清晰的句子，效果会好得多。

（四）严格执行，培养孩子的规矩意识

规矩定下后，执行非常重要。好的家庭文化、好的家庭价值理念、好的家庭生活习惯，都需要家庭成员身体力行地去做，才能最终形成良好的家风。

父母以身作则永远是孩子最好的示范与参照。在家庭里，父母总是遵守规则，在这样环境下成长起来的孩子，也会特别有规矩意识。反之，如果父母总是存在侥幸心理，想着破坏规则、钻空子，那孩子也会跟父母一样，视规矩为无物。

除了强调父母对孩子的影响，还有几条原则也是我们在培养孩子规矩意识时需要特别注意的。

原则一：经常跟孩子强调哪些是可以做的，哪些是不能做的。

孩子的很多观念尚在构建中，需要父母一次次地重申来加深印象，建立起孩子对这个世界的一些原则边界。

原则二：跟孩子明确了规矩后，要说到做到。

像平时在外边碰到红绿灯，即使是黄灯还没跳红，家长也不能带着孩子抢行。规矩这个东西，一旦破坏一次，就会有后面的无数次。

原则三：给予孩子一定的奖励和惩罚。

家长可以和孩子提前约定好奖励和惩罚措施，如果孩子表现得好，就可以获得一份小奖励，反之，则需要接受一定的惩罚。

刚开始的时候，孩子可能没有那么守规矩，家长需要有耐心，不能直接动手打骂，而是要再一次跟孩子重申规矩，直到孩子明白到底该怎么做为止。

原则四：和孩子一起看正能量的影片和书籍。

家长可以常和孩子一起欣赏适合亲子观看的影片和书籍，好的书籍和教育影片像股暖流，可以滋养人们精神世界，在潜移默化中催人向上。

（五）远见格局，成就孩子

孩子的心是块奇异的土地，播下思想的种子就会获得行为的收获；播下行为的种子就会获得习惯的收获；播下习惯的种子，就会获得品德的收获；播下品德的种子，就会获得命运的收获！言教不如身教，给孩子生活保障会让孩子健康长大，给孩子信念会成就孩子不一样的人生！

《战国策》有言："父母之爱子，则为之计深远。"身为父母，没有人不为自己孩子的将来打算。父母虽不能将本身的抱负强加在孩子身上，却可以为孩子的抱负或未来添砖加瓦。孩子在成长中总要面对许多岔路，在人生重要的十字路口，父母需要给孩子提供指导，这时父母的远见就表现出了价值。父母有远见，孩子才能走得长远。

（六）家庭会议，传承家风

随着年龄的增长，孩子有可能出现反抗、叛逆等情绪，而家长的态度也明显有了变化，不再温柔地细言细语，转而变成了"处处挑刺、样样指责"，结果会造成我们和孩子"渐行渐远"。生活节奏的加快，使家人无暇停下来交流生活感悟，但家庭会议就很好地解决了这个问题，它让家人有时间坐下来交流思想、发表看法、相互理解，构建出和谐的家庭氛围。

家庭会议最好每周举行一次，由家庭成员轮流担任主持、记录，设置好既定流程，人人发言。作为家人，最重要的不是守在身旁，更是守在心旁。在平静的日子里，全家围坐一起，吐露心声、消除误会、分享心得与收获，想必也是人生中惬意的经历。

二、好家风，家庭教育的乘数

好家风，是家庭教育的乘数。

家风对家庭成员起着潜移默化的作用。孩子耳濡目染，必然会不知不觉地受到家风的影响和熏陶，其思想、品行、性格、气质，会带有这个家庭家风的特征或痕迹。

好家风就像"知时节"的好雨，滋润着家庭成员的心田。我们成年人回顾自己的成长过程，小时候父辈究竟给我们说过什么话，记住的并不多；可每个人身上都带有长期生活的那个家庭的印记或痕迹。这充分表明，家风就像是知时节的好雨，可以"润物细无声"地滋润家庭成员的心田，陶冶家庭成员的情操，引导家庭成员的价值取向和审美取向。

好家风就像是"润滑剂"，可以有效调节家庭成员的关系。在日常生活中，家庭成员之间不可能没有任何摩擦、矛盾、冲突。具有好家风的家庭，家庭成员胸怀开阔、心地善良、善解人意、相互谦让，就会减少摩擦，主动化解矛盾，一家人和和气气，家庭氛围平静和谐。

好家风就像是"黏合剂"，对家庭具有稳固的作用。好家风能使家庭成员性格开朗、豁达，遇事能够顾全大局，相互谅解、包容，就像是"粘合剂"，对家庭具有稳固的作用。

好家风，可以增强家庭成员的幸福感。家庭的经济条件并不是决定幸福感的唯一条件。家庭幸福感跟家庭经济条件并不完全成正比。有好的家风，即或家庭的物质生活条件差一些，也可以使日子过得有滋有味儿。

愿每一个孩子都能在好的家风里，由平凡到不凡；愿每个家庭都能在好的家风里，把生活的磨难化为命运的馈赠。

第6讲　大班额情况下,该怎么和老师沟通?

●导读

对孩子来说,家庭和学校占据他们的时间最多,对孩子成长的影响也最大。父母如果懂得家校配合、共同协调的要领,与老师达成培养孩子的共识,孩子就能更快进步,获得更大的成长空间。

在这种情况下,我们一般提倡家长主动与老师沟通。该怎样有效地跟老师沟通呢?

针对这个问题,这一讲将给大家介绍一些沟通的方法与技巧,让家长与老师的沟通更顺利、高效。

●目标

一方面让家长了解家校沟通的正确方式,另一方面告诉家长当老师找家长沟通时要注意什么。

目前由于各种原因,学校大班额和超大班额现象依然存在。在这样的班级里,因为老师无法充分关注每一个孩子,所以家长和老师进行有效的沟通就显得尤为重要。但大班额情况下老师工作量大、事务繁多,没有充裕的时间和家长交流,这让很多家长十分纠结,不知该如何是好。那么,在大班额的情况下,怎样才是家校沟通的正确方式呢?

一、选择合适的时间和方式与老师沟通

（一）短信、微信

现在几乎每个班级都建立了微信群，这给班级管理和家校沟通带来了便利。但家长需要注意的是班级微信群属于公共空间，不宜在群内发布个人或与学习无关的信息，如果有私人问题需要了解，可以和老师私聊，例如请假就不宜在群里说而宜私信。同时，在班级群里应多传递正能量，不宜在群内发牢骚，否则会给老师留下不好的印象。

（二）打电话

文字联络虽不拘时间、地点，但沟通总是显得比较正式，不如语言交流直接。如果有问题需要和老师深入交流，还是需要打电话的。打电话前，我们需要提前看看孩子的课程表，最好选择老师没课的时候打电话。在小学，一般语文老师排课比较多，也不太有规律；数学老师一般上午前两节有课，尤其中、低年级的数学老师要带两个班，上午的教学任务更重一些，下午的时间相对来说充裕一些。

建议家长朋友打电话时间不宜过长，提前想好沟通的内容，最好控制在十分钟以内，以免影响老师工作。

（三）面谈

面对面交谈有文字和电话沟通无法取代的优势，在孩子新入学或者是换了新老师以后，建议家长抽空与老师见见面，不需要特地约定见面的时间，可以选择在接送孩子的时候，跟老师进行简短的交流。

如果家长有比较重要的事情需要与老师面谈，建议提前和老师约好时间。

（四）作业留言

在作业本上给老师留言也是一种很好的家校沟通方式。老师每天都要批改作业，我们可以把孩子在家的表现、学习中遇到的问题或者对学校的

一些建议写在作业的后面，老师在批改作业的同时不仅能及时了解孩子的情况，还能感受到家长对孩子学习的关注，不由自主地也会对孩子多一分关注。这种沟通方式，在大班额的情况下十分有效。

（五）家长会

家长会是家长和老师沟通交流的绝好机会。在开家长会的时候，老师会对全班学生情况做一个全面性的总结，家长能从纵向和横向的对比分析中了解孩子的在校表现，找到孩子的不足之处，从而有针对性地查漏补缺。但是受大班额的限制，老师无法针对某一个学生去进行具体的分析，因此会后，家长可以就不清楚或者特别关心的问题和老师单独交流，最好提前想好沟通的内容，使沟通更有针对性，也更有效。

二、与老师沟通要注意节奏和态度

（一）家长找老师沟通

1.沟通要定期、适度

家长主动和老师交流探讨孩子的教育问题，可以让老师感受到家长对孩子教育的关心、重视，对孩子的教育也可以达到事半功倍的效果。

但同时也要注意，联系要适时、适度，有的家长过度关注，芝麻绿豆点的事儿都找老师，频繁来访会让老师身心疲惫。反过来，有的家长认为把孩子送到学校就万事大吉了，从不与老师沟通交流，这也是不可取的。

2.态度要平等、真诚

老师和家长因为孩子而相识，是一种难得的缘分。在沟通中，家长和老师是平等的，要互相尊重，不卑不亢。只要家长用平等真诚的态度对待老师，肯定也能收获平等和真诚。

（二）老师找家长沟通

反过来，当老师找家长沟通时，家长要注意什么呢？

1.冷静，不急躁

一般来说，老师给家长打电话，很少是报喜的，一般都是反映孩子的问题，这时候家长应保持冷静，分析孩子犯错的原因，找出应对措施，再耐心地与孩子沟通，避免孩子再犯类似错误。

2.家长要配合，多沟通

每个班级里由于各种各样的原因都会有一些学习成绩不太理想的孩子，老师肯定要想办法与其家长沟通，让孩子尽快赶上，这是老师负责任的表现。所以，家长千万不能逃避，甚至推诿，必须勇于承担责任。家长一定要积极配合老师，调整教育方式，并且认真去做，帮助孩子提高。

3.执行上要适度

对老师的建议，家长要耐心倾听并做细致分析，首先对老师的关心和帮助要怀有感恩之心，说得对的一定要执行。如果不赞成老师的看法，家长也可以根据孩子实际情况进行调整，再找机会和老师做进一步交流。

三、在孩子面前树立老师威信，成为老师的伙伴

（一）树立老师威信

家长与老师沟通的目的是让孩子进步和成长，而"亲其师"方能"信其道"，孩子尊敬老师是接受其教育的前提，所以家长平时一定要注意在孩子面前维护老师的尊严，树立老师的威信。千万不要当着孩子的面议论、抱怨，甚至指责老师，而要和老师做同一条战线上的"战友"，对有利于孩子成长的做法给予肯定与认可，使孩子理解老师、信赖老师。

（二）成为老师的合作伙伴

老师最渴望的就是来自家长的支持与帮助，家长的主动帮助往往会让老师倍感惊喜。人人都参与，人人都收获，这就是最为理想的家校合作画面。作为老师，非常感激那些用心关注孩子成长的家长，这些家长用包容和智慧将许多问题默默化解，成为了老师亲密的合作伙伴。

第7讲　用语言为孩子赋能

●导读

　　家庭教育的重要任务是教育孩子遵守社会规范、纠正不良行为、培养良好生活习惯，以及引导孩子自尊、自立、自信。要做到这些，除了以身作则的"身教"，"言传"也很重要。语言是我们教育和引导孩子的重要工具，但有些孩子似乎常对我们的话充耳不闻。为什么孩子不愿意听我们的？怎样说话孩子才会更积极主动？这正是今天要讨论的课题。

●目标

　　一是认识常见的错误说话方式；二是分享两类情况下的说话技巧，使孩子乐意倾听、积极尝试，不轻易否定自己。

　　家庭教育的重要任务是教育孩子遵守社会规范、纠正不良行为、培养良好生活习惯，以及引导孩子自尊、自立、自信。要做到这些，除了以身作则的"身教"，"言传"也很重要。语言是我们教育和引导孩子的关键工具，但有些孩子似乎常对家长的话充耳不闻。为什么孩子不愿意听我们的？怎样说话孩子才会更积极主动？本课将与大家一同反思、发现和练习。

一、家长常见的错误说话方式

在家庭教育中，我们说孩子"很有家教"，指的是我们教导孩子遵守规矩、纠正不良行为，使其言行逐渐符合社会规范。然而，规范和孩子天性中的自由是相互矛盾的。我们成年人需要衣着整洁、守秩序、懂礼貌等，但孩子们并不在意这些。试想一下，有多少孩子从小就自觉去洗澡、洗衣服、整理房间呢？

因此，我们常常强迫孩子们做他们不愿意做的事情——"洗手去！""小点声！""把马桶冲干净！""穿上睡衣！""上床去！""快睡觉！"

同时，我们也经常阻止他们做其想做的事情——"别咬手指头！""别踢桌子！""别乱扔垃圾！""别在沙发上蹦！""别玩手机！"

这些要求都是正确的，但家长说话方式的不同，会带来大相径庭的效果。

那么，家长们常常以怎样的方式与孩子说话呢？孩子听到这些话会怎么想呢？我们通过具体例子来看一看。

责备："你的脏手印又弄门上了！怎么老这样？到底怎么回事？你能不能做好一点？告诉你多少遍了，你就是不听！"

孩子听后的想法："门可能比我还重要！""我就不承认是我弄的！""我就是一个脏鬼！""你说我从来不听，那我就不听了！"

谩骂："我来给你修吧，你笨手笨脚的！""今天这么冷，你就穿一件薄夹克！你怎么这么蠢啊！""把屋子弄这么脏，你就是个猪！"

孩子听后的想法："她说得对，我就是笨，动手能力差。""我要气死他，下次我连夹克都不穿。""哼！"

威胁："再碰灯泡，你就会被电死的！""我数三下，再不穿好衣服，我就自己走了。"

孩子听后的想法:"等你看不见的时候,我非得去摸摸试试。""我害怕。"

命令:"马上把屋子打扫干净!""帮我拿一下包,快点!""怎么还没倒垃圾,现在就去,还等什么,快!"

孩子听后的想法:"我偏不动。""不管我干啥,你都看不顺眼。""我出去,别在家里待。"

说教:"你觉得从我手里抢书做得对吗?你不知道好的行为习惯有多重要!你必须明白,如果我们希望别人对自己有礼貌,我们就要对别人有礼貌!你是不是也不愿意别人抢你的书?那你就别抢别人的书。'己所不欲,勿施于人'!"

孩子听后的想法:"无聊,无聊,无聊。啥时候能说完啊!"

警告:"看着点,别烫着你!""别往那儿爬,你想摔下来吗?"

孩子听后的想法:"世界太可怕啦!我干啥都会有麻烦。"

控诉:"你们俩别叫了!你们想干什么?让我犯心脏病吗?""看见我的白头发了吗,都是因为你!"

孩子听后的想法:"我感到内疚。""是我的错。""谁在乎这些啊!"

比较:"你就不能像你哥那样?看他学习多好!""你看人家小红举止多优雅,吃饭多有吃相。"

孩子听后的想法:"她更爱哥哥。""我讨厌小红。"

讽刺挖苦:"你明明知道明天要考试了,还把书忘在学校,你可真棒啊!""你就穿这个?天啊,别人都会夸你的品位的!"

孩子听后的想法:"我觉得被羞辱了。""干吗还要努力呢!""不管我怎么做，都做不好。"

预言："你竟然对我撒谎，你知道你长大后会是什么样子吗？没人会相信你。""你这么自私，没人愿意跟你玩儿。你不会有朋友的。"

孩子听后的想法："他说得对，我不会有出息的。""我要证明他错了！""算了，我放弃了。"

通过以上例子，我们发现家长说的，同孩子听到这些话的真实想法差别很大。为什么会出现这种情况？有没有替代的好方法？家长应该如何说话，才能让孩子们自觉地做该做的事，纠正自己错误，同时又不伤害他们的自尊、避免逆反呢？

二、家长与孩子沟通的正确方法

（一）如何说，让孩子愿意听

1. 明确自己的期望

社会行为规范与孩子的自由天性存在矛盾，因此我们无法要求孩子立刻遵守所有规范。所以，先要明确告诉孩子特别希望他做和不做的事情，将其作为目标；然后，告诉孩子将每一个规矩养成习惯都需要时间、精力和耐心，要多一些耐心。

2. 五个小技巧，让孩子听你的话

以下是给家长的五个建议，也是让孩子听话的五个说话小技巧。

技巧1：描述问题，而不指责。

孩子做错事时，家长常常会指责孩子而非描述问题本身。这种带有攻击性的语言会引起孩子的抵触和反抗，导致他们即使知道家长是正确的，也不愿意改正。因此，我们建议家长只描述问题，不要指责，这样孩子就能将注意力集中在问题上。此外，通过描述问题，家长实际上也告诉了孩子应该如何去做。

技巧2：不评价孩子的性格和人品。

在发现问题时，家长时常不直接讨论问题，而是批评孩子的性格和人品。这会引起孩子的抵触、不合作甚至反抗，更糟的是可能会使孩子自我否定，认为自己就是很糟。

技巧3：明确表达你的期望，而不是惩罚。

许多家长认为，孩子犯错就需要惩罚，但家庭中应减少惩罚。惩罚孩子会使他们精力分散，甚至产生如何报复家长的想法，错失了反省和改正错误的机会。换句话说，惩罚孩子，实际上剥夺了他们对错误行为的反省过程，而这一过程极为重要。孩子犯错频率较高，不断惩罚只会占用彼此的时间，并降低惩罚的效果。

技巧4：语言简洁。

孩子们不喜欢长篇大论，对他们来说，越短越容易记住，且越有效。

技巧5：写便条。

有时候，文字比口头表达更有效。大一点的孩子更喜欢收到便条，他们说"就像收到一封朋友的来信"。

3. 练习尝试

这些小技巧不难，但需要家长反复练习，只有熟练掌握才能在问题出现时自然而然地运用。现在，让我们来做个小练习，尝试运用刚才的几个小技巧吧！

情境设定：你进入卧室，看到孩子刚洗完澡出来，又把湿毛巾扔在你的床上。

通常情况下，你会怎么对孩子说什么？学了今天的内容后，你现在准备怎么说？

可以分三步这样说：

第一步，描述"毛巾把我的被单弄湿了。"

第二步，说出你的感受"湿毛巾放在我床上，我很生气！"

第三步，明确表达你的期望"湿毛巾应该放回浴室。"

家长朋友们，你可能会觉得这样说话很不解气，但这恰好说明我们在说话时常常是为了发泄情绪，而不是平等交流。发泄情绪只会引起对方的抵触情绪，即使你是正确的，孩子也不愿意按照你的说法去做。如果愿意改变说话习惯，你会发现孩子变得"听话"了很多。

（二）如何说，让孩子更自立

好的说话方式能让孩子配合，并激发他们的独立性，让他们主动解决问题，从而更好地成长。

1.换位思考、体会孩子的感受

家长看到孩子系鞋带笨拙的样子，总会忍不住帮他系上；孩子和小伙伴一吵架，家长马上就给他建议。但如果孩子凡事都听我们的，他们怎么能从错误和失败中成长呢？也许家长会说帮孩子系鞋带、解决冲突，让他们避免犯错，至于这么严重吗？孩子还小，没有经验，确实要依赖成人，但这就是问题所在。培养孩子适应社会的目标之一，是帮助他们成为独立的个体，能够独当一面。如何实现呢？让他们自己做自己的事情，经历问题和挣扎，从错误中成长。

2.学会鼓励孩子自立的五个技巧

许多家长抱怨孩子"啥也不操心""磨洋工"，这也是长期依赖造成的消极反抗。那么，有什么办法能让孩子更自立，更有责任感？其实，我们的日常语言就有这样的能量，下面分享五个鼓励孩子自立的技巧。

（1）让孩子自己选择

有些选择感觉像是废话，但对孩子来说，每个小小的选择都能让他掌控自己的生活。

选择为孩子提供了宝贵的练习机会，让他们学会做决策。如果他们从小就没有机会做选择，那么将来在职业、生活方式和伴侣选择方面可能会遇到困难。

（2）尊重孩子的努力

尊重孩子的努力会让他们学会自己解决问题。

如果孩子遇到无法解决的问题，家长可以提一些建议，例如"把拉链头撑直，会好拉一些"。偶尔孩子很累，需要关注或撒娇时，家长当然可以帮助他们。

（3）别急着告诉答案

孩子提问时已在思考答案，他们希望成人作为回应者帮助他们深入探究问题。

不必急于回答问题，寻找答案的过程与问题本身同样有价值。通过反问孩子问题，促使他们进行更深入的思考，这才是最有效的帮助。

（4）鼓励孩子运用外部资源

要让孩子知道，不能凡事都完全依赖家长，家庭以外的人，比如老师、同学都可以帮助他们解决某些问题。

（5）别毁掉孩子的希望

生活中很多乐趣源于梦想和期待，即使无法实现，我们也可以畅想和讨论。

不让孩子失望，就是在保护他们的梦想、希望，并激励他们为实现梦想付出努力。

这五个技巧看似简单，但行动起来并非易事。一直以来，我们常觉得"好妈妈"应考虑周全，愿意为孩子做任何事情。然而，孩子成长的过程就是家长逐渐放手的过程。越包办代替，孩子就越"不会操心"，越没有责任感。克制自己，尊重孩子的努力，给予他选择的权利，鼓励他自己寻找答案，这样你的孩子将会更加自立。

有家长问："使用这些技巧，孩子们就会一直听我的吗？"孩子不是机器人，我们的目的不是通过技巧来操控孩子的行为，而是给予孩子能量，培养他们的进取心、责任心、幽默感和理解他人需求的能力。我们希望找到一种说话方式，让孩子感受到尊重，让他们的心灵少受伤害；我们想创造一种情感氛围，鼓励孩子与我们合作，而不是吵架或对抗；我们想树立一个榜样，让孩子学会用相互尊重的方式沟通。

说话是一门艺术，好的说话方式能帮助孩子解决问题，给他们力量和前进的动力。让我们从日常做起，用语言给予孩子勇气和力量！

第8讲 孩子撒谎怎么办

●导读

诚实和说谎是两种截然不同的现象，都是对现实生活的一种反映。"从小就说谎，这还了得！"父母往往对孩子说谎感到不安。其实，对于小孩子说谎大可不必如此惊慌，因为孩子说谎和成人说谎有着本质区别，只要教育得法，是不难克服的。

●目标

了解孩子说谎背后的原因，有针对性地解决问题，帮助孩子养成诚实守信的美好品质。

生活中，我们可能会突然发现孩子学会撒谎了。不同的家长对待孩子撒谎这个问题持不同看法：有的家长会为孩子的撒谎行为感到惊讶，有的家长因受到欺骗而感到非常生气，还有的家长则认为小小的谎言没有什么危害性，一笑了之。面对孩子的谎言，家长不能视同儿戏，也不必如临大敌，而应冷静分析孩子说谎背后的原因，再进行有针对性的教育。

一、正确认识"撒谎"

撒谎，虽然在大多数父母眼中是一件很恶劣的事情，但也是一件再正常不过的事。

（一）说谎背后的心理因素

研究发现，孩子必须具备两种能力后才会开始说谎。一是情商，因为说谎的前提是你要知道对方的心理状态和情绪，在这个基础上你才能说谎，所以情商很重要。二是自我控制能力。孩子要把谎说好，一定要有很强的自我控制能力，要把自己的脸部表情控制好，把姿态控制好，而且语言内容也要控制好。所以当你发现孩子开始说谎时，另一方面也说明了他的情商和自我控制能力达到了一定水平。

（二）谎言的种类

我们来说说谎言的种类，有研究者把孩子的谎言分为五种类型。

第一种是白色的谎言，是为了客气而说谎。3岁的孩子已经能够说白色的谎言了。

第二种是橙色的谎言，是为了拍马屁而说谎。这种谎言5岁的孩子就已经能够说了。

第三种是蓝色的谎言，这是为了集体利益而说谎。9岁的孩子已经能够说蓝色谎言了。

第四种是黄色的谎言，这是因为谦虚而说谎。我们可以发现，10岁的孩子，基本上各类谎言都会说了。

最后一种谎言是黑色的谎言，也就是为了自己而说谎。这也是我们今天要重点讨论的。

二、孩子撒谎的根本原因

在各种各样幼稚的黑色谎言背后，常常藏着孩子内心的真实需求。据统计，儿童说谎话70%是由于害怕和怕被嘲笑引起的。

孩子小的时候，并不知道撒谎对个人诚信和社会秩序的危害，这一类撒谎行为只是他们恐惧时的正常反应，是弱小的他们自我保护的一种方式。这就需要我们家长能接纳孩子犯错，让孩子知道虽然犯错了爸爸妈妈很生气，但并不影响爸爸妈妈爱自己。孩子有了安全感，因恐惧而撒谎就会少很多。

只有20%的孩子是故意说谎。孩子故意说谎的原因很多，但目的也很幼稚简单，往往是为了满足自己某种需求或愿望。

因此，想要减少这类撒谎行为，家长一方面要鼓励和引导孩子合理地表达自己的需求，告诉他需求不一定被满足，但是允许表达，这样孩子有了安全感，就敢于向家长说出他的想法，而不必撒谎了；另一方面要适度满足孩子的合理需求，如果需求不合理，也要跟他讲清楚不能被满足的理由。

通过以上分析，大家可能发现，弄清楚撒谎原因也就基本知道该怎样应对了。

三、孩子撒谎该怎么办

我们不建议打孩子，打不但没有用，反而会使孩子增加说谎的次数，说谎的水平越来越高。那么，当孩子撒谎了父母该怎么办呢？

（一）弄清楚孩子为什么撒谎

不管是谁撒谎总是有原因的，孩子也不例外。当孩子出现撒谎的情况时，父母首先要做的不是去揭穿和责备，而是要先搞清楚孩子撒谎的原因，只有搞清楚孩子撒谎的目的才可以对症下药。

（二）获得信任，教给方法

弄清楚具体原因后，首先进行批评和教育，让他们懂得撒谎是不正确的行为，接下来告诉他们当遇到不想让别人知道的事情时，该如何去处理。这样才能解决问题，避免继续出现撒谎的情况。

具体怎样做、怎样说有几个建议。

一是发现孩子撒谎后最好不要当着众人的面揭穿，给孩子留一点儿面子。

二是用经典故事来为孩子建立起正确的价值观。

三是孩子能主动承认错误最好，如果孩子已经认识到自己的错误，但不知道如何开口时，家长需要帮孩子创造条件。

四是让孩子感受到承认错误后如释重负的轻松愉悦。

五是家长可以用严肃的语气表明自己的愤怒，让孩子意识到撒谎是一种错误的行为，家长也不能过于凶狠，否则会让孩子担心和害怕，反而更不讲实话了。

四、怎样才能避免孩子经常说谎

（一）建立亲密信任的亲子关系

撒谎其实并不是一件令人舒服的事情，很多孩子撒谎的时候会紧张、心跳加速、心理压力很大，如果在家里说实话是能被接受的，相信大多数的孩子都不愿意撒谎。所以家长要反思教育孩子的方式是不是过于严厉，如果事情已经发生了，可以问问孩子"为什么不敢说实话"，认同孩子的恐惧和焦虑，修复亲子关系。

（二）不要对孩子犯的错反应过度

孩子不诚实几乎都是恐惧的结果。比如，有的父母面对孩子的错误，动不动就劈头盖脸一通严厉的批评，甚至体罚孩子，孩子因害怕而选择说谎就太正常了。

在一个家庭里，做错事的代价越大，孩子选择说谎的概率就越大。所以，如果孩子总是撒谎，很有可能是因为家长不能宽容孩子的错误。

（三）孩子承认错误后家长要给予肯定

如果孩子越大越不愿意对父母说实话，大多数是因为对父母失去了信任。

与其说孩子爱撒谎，不如说是大人堵住了孩子诚实的路。因为，诚实的结果那么糟糕，还不如直接撒谎，说不定还有机会不被戳穿。这样的话，哪个孩子会不选择撒谎呢？所以，当孩子做到诚实守信，或者主动承认自己犯的错误时，要给予鼓励和表扬，在这种正向的反馈中，孩子就会明白下次发生同样的事情时正确的做法是什么。

（四）以身作则，树立榜样

孩子为什么要说谎？《夏山学校》中有一段话说："假如你的孩子说谎，他不是怕你，就是在模仿你。撒谎的父母必定有撒谎的子女，如果家长想要孩子说实话，那么家长就不要对孩子说谎。"

即使孩子说过几次谎，也不能因此就给孩子贴上爱说谎的标签。在孩子成长过程中，出现几次撒谎的现象是再正常不过的了。相信随着孩子心智的逐步成熟，道德水准的日臻完善，担当能力逐步提升，他的撒谎行为就会越来越少，最终会养成诚实品格！

第9讲　观察，为作文引来"源头活水"

●导读

一说到语文学习，很多家长最头疼的就是作文。不少家长说孩子书也读了不少，可一到写作文还是不知道从何下手。究竟怎样才能让孩子爱上写作，学好语文呢？这节课我们就先来了解一下孩子写不好作文的原因，然后再重点探讨如何引导孩子学会观察，写好作文。

●目标

一方面，认识到观察和写作之间的联系；另一方面，重视培养学生观察事物的能力，学习观察的方法，进行观察实践，学以致用。

众所周知，阅读是学好语文的基础，同时也是很多家庭进行启蒙教育的首选方式。写作是语文教学的重中之重，也是学生学习的难点之一，家长朋友们都希望多了解写好作文的技巧和方法。语文老师日常教学中会分层递进地教给孩子写作的方法，如果再给家长讲一遍也很方便，甚至更简单，但那样做不就把家庭也变成学校了吗？其实，家庭和学校的分工是不一样的，学校更多的是系统地传授知识，尤其是书本知识；而家庭更重要的是给孩子充分的生活体验和感受，只有这样孩子在课堂上才会容易理解书本中的名词、场景、道理，并真正运用老师教的技能方法。简单来说，家庭要做的应该是最基础的事情阅读，阅读是"输入"，有了"输入"，"输出"才有可能，"输入"多了，积累丰厚了，再加上课堂上老师的教学，"输出"就流畅自然了。

一、不观察是写不好作文的重要原因

"读书破万卷，下笔如有神。"可有些孩子书也读了不少，写作能力却没有提高。其原因就是孩子从喜欢阅读到独立写作，两者之间还需要一座桥梁，那就是"善于观察"。"阅读"是"输入"，是一种文字世界的输入，"观察"也是"输入"，是对现实世界的感受的"输入"。作文这件事，同样是先有"输入"，才能"输出"。

如要创作，第一须观察。可是孩子们虽然每天身处丰富多彩的生活环境，但对身边的环境和事情"熟视无睹"，因此临写作文时，脑海里什么素材也没有，总是绞尽脑汁儿地去编作文，甚至有的家长也认为作文就是要靠编。

事实上，小学、初中的作文都以写实为主，只要孩子善于观察生活，写作文就不是问题。问题是许多孩子没有观察生活的习惯，这些懵懂的孩子可以说是"观"而不"察"，"看"而不"见"。这样的话听起来，大家可能感觉有点拗口，可事实的确如此。"观察"是有目的、有计划的知觉活动，是知觉的一种高级形式。"观"，指看、听等感知行为，"察"即分析思考。也可以说，观察不只是视觉过程，还是以视觉为主，包含着积极的思维活动，融听、触、嗅等其他感觉为一体的综合感知。

作文所需要的观察力并不是孩子天生的，它是需要在具体的观察活动中，在成人的引导下逐步培养起来的。那究竟应该如何培养孩子的观察力呢？接下来的方法或许能给大家带来一些启迪。

二、如何引导孩子学会观察？

（一）有目的的系统观察

如何引导孩子学会观察呢？在我女儿上三年级时，老师周末布置了一篇作文，要求写自己喜欢的一种树。女儿犯难了，校园里就有熟悉的玉兰树，可一时却不知道从哪儿下笔。于是，我带着她开始观察。我们先从远处进行观察，她看出了树的外观很高大，也知道了树的每一部分的名称。

在远观后，我带着她继续走到树下近距离观察，摸摸树干是光滑还是粗糙，看看树叶是什么形状，闻闻有什么味道。通过一看二摸三闻，加上我的指点帮助，女儿准确地说出了更详细的特点。

接着，我们又谈到了玉兰树和孩子们的关系。

最后，我们总结出了观察的方法：

1.观察要有顺序，或从整体到部分，或从远到近，或从左到右，或从前到后，不能胡子眉毛一把抓。

2.观察要调动"五官"，不仅用眼睛去看，还要用手去摸，用鼻子去闻。

3.观察中要学会想象，在观察中一定要引导孩子展开想象，可以让孩子把观察对象想象成童话故事里的人物，赋予它人的语言和动作。

4.观察过程中要记录，孩子的特点是看得快忘得快，不善于记录，将无法使观察到的材料发挥作用。

（二）生活中的随机观察

处处留心皆学问，日常生活中，只要留心观察，处处都会有发现。

女儿上幼儿园时，我总骑车送她上学、放学。不久，她就发现了一个交通现象，如果七点半之前出门，路上的行人、车辆就较少，如果超过这个时间点，行人、车辆明显增多，很容易就造成拥堵，这时时间紧张，就必须快速前进了。

生活中像这样的随机观察还有很多，比如，春天路边的柳树发芽了，我们可以边走边按照从远到近的顺序和孩子一起观察、描述这"柳如烟"的初春景色，给孩子讲讲什么是"爆青"，还可以近距离观察下柳枝，看看柳叶的生长结构。

生活中像这样值得观察的场景非常多，它们都会成为很好的写作素材。有了这样随时观察的习惯，孩子观察能力自然就会越来越强，写作水平也会越来越高。

（三）主动制造系统观察的机会

生活中，我们可以主动创造出很多观察的契机，下面我就给大家推荐几种观察活动。

1.阳台菜园

感受自然，观察自然，我们可以在家设计一个阳台菜园，让孩子多观察，尤其是种子破土而出，开第一朵花，结第一个果，这种标志性的事件，一定要提醒孩子做记录。

2.家有萌宠

相比植物，孩子更喜欢活泼可爱的小动物。如果家里没有小猫、小狗，孩子又真的想养宠物，不妨从养小鱼开始。因为它不但易于管理，还比其他动物方便观察。有宠物陪伴的孩子，会在人际交往中更敏锐地感知他人的情绪，更容易放松、自信，也更擅长建立与他人的关系。这是语文学习的一个切入点，更是培养观察力的一场奇妙之旅。

第10讲　多听读，会巧记，英语学习难变易

●导读

很多家长在孩子上幼儿园时，就开始对孩子进行英语启蒙教育。小学也从低年级开始开设英语课。在小学阶段，如何学习英语？今天我们就来分享一些学习英语的方法。

●目标

一方面，使家长和学生都能认识到英语学习的重要性；另一方面，家长能指导孩子掌握学习英语的方法，变换多种方式记忆单词，逐步培养孩子学习英语的兴趣。

由于东西方文化背景的差异，大部分中国孩子学习英语会感到困难。经过访谈和调研，老师们认为英语学习最重要的是多听多读和巧记单词，今天我们就来谈谈这两个问题。

一、多听多读是王道

英语作为一门语言，学会运用最为重要。但在平时的教学过程中教师常常发现：有些孩子单词背得滚瓜烂熟，考试时也总能拿高分，但让他在课堂上进行口语练习时，却不愿主动参与，这样下去就会逐渐发展为"哑巴英语"。

怎样才能让孩子说一口流利的英语呢？资深英语老师根据多年的教学经验认为，要想学好英语，多听多读才是王道。

（一）多听多读

先输入，再输出，是学习语言的规律。听和读，是语言的输入，说和写，是语言的输出。因此，要想孩子能用一种语言流利表达就必须要进行大量的听力训练。

那么听什么样的素材好呢？

建议让孩子们多听英语教材，这样在训练听力的同时还会增强孩子的语感。当孩子学了两三年英语，打下了良好的基础之后，再让他们听一些英文原版的动画片和绘本，效果会更好。

选好了要听的内容，如何做到多听呢？现在我们经常会听到"磨耳朵"这个英语学习的流行词，它实际上就是英语语音输入积累的总称。

我们可以在家里创造一个语言环境，做到泛听和精听相结合，泛听为主，而精听为辅。什么叫泛听？泛听就是把英语作为孩子生活起居的背景音乐。当孩子洗脸刷牙吃早饭的时候，可以把原声录音打开让他听，泛听是大量的、长期的，每天要保证20分钟以上的听力输入量，才有效果。什么叫精听？其实就是打开课本，原声录音读一句我们就跟读一句，去模仿语音、语调。因为精听非常的枯燥，所以它是辅助性的，一个星期一次到两次就可以了，每次20分钟。

（二）大胆表达

进行了大量的语言输入后，还可以进行一些有效的语言输出练习，真正做到学以致用。家长朋友们可以从以下两方面做起：

1.鼓励孩子大胆说

英语口语的练习，不能仅仅局限于课堂上，而应该运用到日常生活中。在学校里，老师经常会鼓励孩子在课下大胆练习口语。在家庭中，我们也可以试着用英语和孩子进行交流。孩子们会慢慢感受到，说英语不仅仅是在课堂上，生活中同样也可以。

2.多给孩子展示的机会

小学阶段的孩子需要鼓励，更喜欢新鲜。现在许多手机软件和网络资源都给他们提供了展示的平台，也激发了孩子英语口语练习的兴趣。家长可以利用这些平台多给孩子展示的机会。

二、巧记单词很重要

英语这门学科，听和读是基础，说和写是难点，而听、说、读、写的基础又是单词。要想提高孩子的英语能力，必须通过单词这一关。小学阶段的单词并不难，但孩子总是记不住，其原因一是小学阶段没有学习音标，二是英语单词的字母排列对于初学者来说毫无规律可言。如果我们能指导孩子们运用有效的方法巧妙地记住这些单词，那么学习英语的难题就迎刃而解了。

英语老师综合多年的实践经验，总结出了以下四种巧记单词的方法：

1.自然拼读法

自然拼读法是目前国际上最受推崇的英语教学方法，通过自然拼读法的学习，可以让孩子建立起字母与发音之间的直觉音感，看到单词可以立即知道其准确发音，同样，听到发音就能迅速地写出单词。

具体来说，也就是说英语是拼音文字，大部分英文单词中字母和字母组合的发音都有规律可循，例如，在cat（猫）、hat（帽子）、mat（小地毯）、fat（肥的）等这些单词中，字母"a"都发【æ】；而在dog（狗）、hot（热的）、stop（停止）、lost（丢失），这些单词中，字母"o"都发【ɔ】。只要孩子们掌握了这些拼读规律，他们在见到类似的单词时就可以自然而然地拼读出来。

2.归类对比法

为了便于记忆，我们可以将意思相近、相反，同音或者同类的单词进行归纳，这样做也能提高单词记忆的效率。比如，学习了与"说"有关的单词tell以后，可以把之前学过的与它意思相近的speak（说话）、say（说）、talk（讲话）这几个单词总结归纳，一起记忆；在学习了单词big

（大的）以后，可以找出它的反义词，对比记忆；学完了关于月份、星期、季节这一类的单词，我们就可以把12个月份、一周七天、一年的四个季节归纳在一起，统一记忆。按照这样的方法长期坚持下去，孩子一旦养成习惯，会有意识地自己尝试去分类，由一个记住一组，就像滚雪球似的越来越大，单词也越记越多。

3.图片和实物法

图片和实物法非常适合年龄小、英语学习刚入门的孩子。孩子可以用色彩鲜艳、内容生动的英语单词卡片来加深对单词的记忆，也可以将学过的英语单词写在自制的小卡片上，贴在家中的电器、家具以及日常用品等实物上，这样随时就可以看到。如果有兴趣的话，还可以对标签进行美化修饰，这样做孩子就会觉得学英语不再是一件枯燥的事情，而是一种游戏，并且在做游戏中不知不觉地记住了单词。

4.及时复习法

从“背诵”到“完全记住”是有个过程的。很多孩子在背诵的过程中，刚开始滚瓜烂熟，可过了一段时间就忘得无影无踪，这样就前功尽弃了。根据遗忘规律，学生背诵过的单词如果能在12小时内复习一遍，一周内再进行复习，那记忆的效果将会与完全不复习截然不同。

任何学习都不是一蹴而就的，科学的学习方法只有在持之以恒的坚持下才能发挥作用，要想让孩子养成长期坚持的习惯，家长对于量的要求不能太高，可以让孩子每一天只记一个单词。一天记一个单词，听起来好像很容易，难就难在“坚持”二字。这里给大家推荐一个操作小窍门，家长可以在家里准备两块小黑板，标记为a黑板和b黑板。每个星期我们把要记的七个单词全部写在a黑板上，孩子每天记住了一个单词，我们就可以把那个单词从a黑板挪到b黑板上。这样当孩子看到b黑板上的单词越积越多的时候，他的自信心会油然而生，这无形中也成为激发他学习的一种动力。每天看一遍，也是一种巩固记忆的方式。如果没有黑板，两张大白纸也行。这个方法虽然看起来很笨拙，但只要能够长期坚持，孩子记单词这个难关就会迎刃而解。

英语学习并没有想象中那么困难，但也不能急于求成，因为语言学习需要时间的积累和家长的耐心支持。如果孩子能抓住重点——多听多读，突破难点——巧记单词，那么学好英语将会是水到渠成的事情！

第11讲　数学学习有妙招

●导读

小学三年级是由低年级向高年级过渡的转折期，一、二年级的孩子，学习成绩差别很小，到了三年级，随着学习内容不断增多，成绩出现了"分水岭"。在家庭中，我们应该采取哪些有效措施，帮助孩子学好数学呢？今天我将从计算能力培养、学会解决问题、重视绘本阅读这三个方面跟大家分享数学学习方法。

●目标

一方面了解三年级数学学科内容的变化；另一方面帮助孩子养成良好的做题习惯，掌握应用题解题技巧，重视数学阅读，为高年级数学学习打下坚实的基础。

进入三年级，有些家长看到孩子数学成绩下降，心急如焚。一、二年级的数学侧重于启蒙，主要是培养孩子学习数学的兴趣；从三年级开始，学习的内容逐渐和高年级的知识框架对接，重点在于培养孩子的综合能力，并运用这些能力去解决实际问题。要想帮助孩子学好数学，家长可以采取以下措施。

一、重视计算能力的培养

（一）计算能力的重要性

每次考完试，家长往往会把孩子做错题的原因归结为粗心、马虎，而孩子也经常以这个借口来为自己开脱。

其实，这种想法是不对的。因为在老师看来，做错题的根本原因还是计算能力不过关！计算是数学的基础，计算能力是学好数学的基本功。究竟应该如何培养孩子的计算能力呢？我们可以采取科学的方法，先从培养数感开始。

（二）培养计算能力的方法

1.培养数感

数感是数学学科的一种基本素养，主要指关于数与数量、数量关系、运算结果估计等方面的感悟。说得直白一点，数感就是孩子在日常生活中对数和运算的敏锐感受力，善于从数学的角度去观察、解释生活中遇到的问题或事物，能主动去发现生活中的数学。

为了培养孩子的数感，我们可以让学生更多地接触和理解现实生活中的问题，有意识地将现实生活与数学学习联系起来。三年级下学期，孩子会学到面积，这部分是教学的难点，课堂上虽然老师反复讲解关于面积的知识，但孩子的体会和理解并不深刻，这时家庭教育就要补位，家长要通过实践体验让孩子增加感性的认识。在家里，可以让孩子去测量一块地砖的大小，然后再数一数长和宽各多少块，接着运用计算面积的方法，就能很快地估算出自己卧室的面积。通过这样的方式，可以让孩子明白大面积是用大的面积单位累积而来，小面积是用小的面积单位累积而来，抽象的数学知识理解起来就容易多了。

2.培养良好的计算习惯

除了建立数感，要想提高计算能力还得培养良好的计算习惯。在老师看来，小学阶段，良好的计算习惯主要有两个，一是"书写工整"，二是"验算"。

小学家校共育24讲

（1）书写工整

在批改作业和试卷时，老师们经常会发现有孩子把"0"写成了"6"、把"7"写成了"1"，把加号写成乘号，导致计算结果出错，所以数字和运算符号一定不能写潦草。升入三年级，孩子会学到复杂的笔算，需要提醒孩子在书写时数位一定要对齐。在学校里老师除了要求计算时书写工整以外，同时还会强调在草稿纸上计算也要书写清楚，这样做会方便检查。特别是进入信息化时代以后，采用电脑阅卷，如果卷面书写潦草，那么电脑将无法识别，最终将影响考试成绩。

（2）验算

验算时第一要检查每一步的运算是否正确，第二要检查数字、符号是不是抄对了，第三要检查每一步的得数是否准确。验算是一种逆运算，对孩子来说更难一些，也更累一些，因此很多孩子会自动省略这一步，这是不对的。大脑是越用越灵活，不断地进行正运算、反运算，其实是对孩子的思维能力最好的训练。

3.提高计算准确率和速度

很多家长会认为，不管算多长时间，最后算出来就行了。其实，这种不计时间成本、不求效率的做题方式是不对的。

习惯养成初期，家长不要过分要求速度，只要孩子不跑神，慢一点也行。习惯养成后，就要进一步提高计算准确率和速度。

（1）练口算

口算能力对于小学生来讲，是很重要的一种能力，是学习其他计算的基础。孩子口算能力提高后，不仅可以加快写作业速度，还可以节省学习时间，更重要的是可以帮助孩子树立或者增强学好数学的信心。提高口算能力并没有捷径，只能靠孩子持之以恒地训练。

（2）变换形式、激发兴趣

孩子毕竟年龄小，天天让他练习肯定会感到枯燥乏味，我们可以想办法变换形式来激发孩子的兴趣。放学路上，可以和孩子互相出题比一比、赛一赛；周末孩子写完作业以后，在家里也可以来一场口算比赛，选用抢答、接力、抽签、自编题目等方式。采取这些做法的目的只有一个，就是让孩子对口算练习保持新鲜感，只有这样不断激发他们的积极性，才能发挥天天练的效果。

二、学会解决问题是关键

要想学好数学，除了要培养计算能力以外，第二个重要方面是掌握解题技巧，学会解决问题。

解决问题就是我们常说的解答应用题。应用题是小学数学学习的重、难点之一，解答应用题是对数学知识综合运用能力的一种检测。如何提高解答应用题的能力，实现应用题的多元化教学目标，一直是老师们关注的问题。升入三年级后，学生开始接触到的应用题，不再像一、二年级那样简单、直观，开始涉及从一般到典型、从一步到多步、由简单到复杂的过程。这就要求孩子要不断地掌握解题思路和方法，找出规律和特点；不仅要弄明白老师讲的例题，还能把例题中使用的方法内化；掌握解题方法以后，再遇到这种类型的题目就会举一反三，能正确解答。要想让孩子掌握解题技巧，家长可以从四个方面进行指导。

（一）认真审题，厘清思路

孩子在做题时一遇到条件比较多的应用题时，常常感觉"看不懂题目"，可是经老师一点拨，又觉得很容易。其实，"看不懂"的根本原因不在于"问题太难"，而在于审题能力弱。因此，要想做好应用题，首先就要认真审题。"圈读法"是课堂上老师经常采用的审题方法，就是要求学生边读边圈点，把重要的、已知的、未知的和易混淆的地方标出来。

（二）找关键条件，分析数量关系

分析题目中的数量关系，是正确解答应用题非常关键的一步，它对孩子的逻辑思维能力要求特别高。因此在解答应用题时，要注意引导孩子分析应用题中的已知量与未知量，以及已知量与未知量之间存在的相依关系，把数量关系从应用题中抽象出来。

小学家校共育24讲

（三）利用线段图，解决抽象问题

小学生的思维处于从具体形象思维向抽象逻辑思维的过渡阶段，有不少应用题文字叙述比较抽象，数量关系十分复杂，对于学生来说理解起来难度较大，所以在解答时可以利用线段图把抽象的数量关系直观形象地表现出来，帮助学生准确地找出信息间的对应关系，使题意更加直观形象。

（四）多见题型，反复练习

三年级的应用题如同盖房子打地基，尤为重要。只有基础打牢了，到高年级学习应用题才会轻松些。从三年级开始，关于倍数关系的应用题会一直贯穿于整个小学阶段，它既是学习的重点，也是难点，如果能掌握正确的方法，就能突破学习的难关。所以学生们只有多练习，多见题型，才会从中领悟到解题的要领与方法。

三、数学阅读勿忽视

1.重视数学阅读的意义

数学阅读不仅可以丰富数学语言系统，而且还能提高数学语言水平。对孩子来说，数学阅读的内容远不止课本、解题过程、数学家的故事，还应当包括一切蕴含数学知识、方法、思想和精神的文字、符号、图画、表格等。因此要想学好数学，数学阅读千万不要忽视。

2.数学阅读书目推荐

在低、中年级，建议学生多读一些数学绘本。《保罗大叔分比萨》主要讲的是有关分数的内容。《寻找放屁王》可帮助孩子初步理解集合的意义，并依据特征进行游戏，发展孩子的多维度思维能力。《谁是四边王国的王子》《魔法三兄弟的探险之旅》都是关于图形方面的探究。《魔幻立方体》可以让学生结合生活中所见到的几何图形，探究特点和性质，也是对中学学习几何的启蒙教育。《乱七八糟的魔女之城》可以让孩子探索、发现故事中隐藏的排列规律。

除了数学绘本以外，还可以进行整本书阅读，比如，《李毓佩数学历险记》《李毓佩数学故事集》从李毓佩教授最脍炙人口的数学故事精选而出，适合小学生阅读。这两本书还结合数学学习中的典型题目和解法，对数学知识点进行归纳总结，非常值得一读。

　　家长朋友们，学数学就像盖房子，必须从打好基础开始，一层一层逐步夯实。如果我们能采取有效策略，从培养良好的计算能力、掌握解决问题的技巧、重视数学阅读这三个方面着手，就能助孩子一臂之力，学好数学。

第12讲　保护视力，亮出"睛"彩

●导读

当前，我国各年龄段青少年的近视情况呈现发病年龄早、进展快、程度深的趋势。

由于鼻梁上的小眼镜戴上容易，摘下可就没那么容易了，孩子近视已经成为很多家长都非常头疼的问题。

如何帮助孩子保护眼睛，科学防控近视发生和发展，家长可要上心啦！

●目标

让家长重视孩子的视力管理，并知道怎么去管理孩子的视力。

当前，我国各年龄段青少年的近视情况呈现发病年龄早、进展快、程度深的趋势。孩子近视已经成为很多家长都非常头疼的问题。近视防控，刻不容缓。

一、近视对孩子成长的影响

首先，近视会影响孩子的自信心和人际交往。尤其青少年格外敏感，担心高度近视眼球突出，觉得戴眼镜不好看。这些心理波动，都会影响孩子的学习和成长。

其次，戴眼镜会直接影响孩子运动的积极性。因为戴眼镜不方便，孩子容易减少运动量，有些项目的选择也会受限制。而运动量减少，本身又进一步加剧孩子近视，就成了恶性循环。如果是高度近视，孩子眼睛的视网膜会特别薄，运动中眼睛受伤的概率更大。

最后，会有少数人因为病理性高度近视，引发一系列疾病。

二、如何预防近视

（一）孩子近视的真正原因

想要预防近视，需要先找出罪魁祸首，从根源上杜绝近视的产生。对于很多家长来说，这个真正原因并没有找对。

现在的孩子被手机、电脑等各类电子产品包围，所以很多家长都会认为，电子产品是导致近视的原因。真的是这样吗？

其实，孩子使用手机、电脑和近视并没有直接的因果关系。近视的真正原因是无节制、不间断地近距离用眼，这一点家长一定要牢记。

了解近视的真正原因，才能真正有效地帮孩子预防和延缓近视。我们最需要关注的是孩子近距离连续用眼的时间，哪怕不打游戏不看电视，看书写字，也一样要注意。

除此以外，还有一个影响孩子视力的因素，容易被父母忽视，就是晚上开着灯睡觉。

（二）预防近视，家长要做的六件事

了解了导致孩子近视的真正原因，我们来谈谈家庭如何预防和延缓孩子的近视。

1.给孩子营造良好的用眼环境

在室内布置上，可以选择颜色柔和的软装，给孩子选可调节高度的书桌椅，方便孩子保持眼睛和书本之间合适的距离。家里最好用全光谱灯泡，这类灯泡更接近自然光。

2.在饮食上给孩子做好保障

哪些食物对视力有好处呢？研究表明，富含矿物质的食物，可以增加孩子虹膜的硬度和弹性；富含叶黄素的食物可以促进视网膜细胞再生成。常见的水果、绿色蔬菜对眼睛更有好处，可以常给孩子吃。

3.帮孩子养成良好的用眼习惯

近视真正的原因是无节制、不间断的近距离用眼。所以，要特别注意这么几条：

（1）不在极端光线下看书、写字，比如夏天正午的太阳光，就对眼睛特别不好。

（2）不在汽车行驶中或走路时看书。

（3）不在被窝里躺着看书，尤其是不能在被窝里用手电筒悄悄看书。

（4）持续近距离用眼20分钟，就要有意识地停下来，休息一下，望望远处的建筑、绿色的树木。

孩子在看书、写作业时，家长可以定个小闹钟，到点就督促孩子起来活动活动。当孩子渐渐养成这个习惯，即使没家长提醒，也能自己有意识这么做。

4.合理控制电子设备使用时间

看电视、看电脑时长达20分钟停一停，说起来容易，但坚持做到特别难。现在的电子设备都有儿童模式，可以把观看时间定成20分钟，20分钟后自动暂停，也是强制孩子休息放松的一种方法。但这样的方法治标不治本，家长还是应该多给孩子安排其他活动，减少电子产品对眼睛的伤害。

5.鼓励孩子多进行户外运动

户外运动是全世界眼科医生公认的预防近视的法宝。研究表明，每天户外运动两小时，能够有效预防近视。户外运动能够促进孩子体内的多巴胺分泌，而多巴胺能够抑制眼轴变长，缓解视力疲劳和近视眼的加重。每天两个小时以上的户外运动，就可以抵消一天因为近距离用眼带来的近视风险，孩子患近视的可能就会大大降低。

6.帮孩子养成做护眼操的习惯

学校里的眼保健操，孩子当然应该积极参与。除了传统的眼保健操，我再介绍两种适合孩子做的护眼操：

（1）新型眼球运动操

这种护眼操的好处是让眼球运动起来，增加眼球周围肌肉的血液循环，达到缓解视疲劳的作用。

（2）眼内瑜伽操

这也是一种非常简便的放松、缓解眼睛疲劳的办法。

孩子的眼睛有很强的适应力和可塑性，如果能坚持训练，就会远离近视，还会增加眼睛的调节功能。长期对着电脑，用眼过度的大人，常用这些方法也能有效缓解视疲劳。

三、及时发现孩子视力问题

近视本来是有一个假性近视期的，一般3～6个月，这时如果及时发现，及时干预，近视是可以逆转的。但遗憾的是，孩子往往一发现就是真性近视了，错过了治疗期。那么，怎么才能尽早发现孩子视力的问题？家长日常需要做两件事：

一是定期检查。定期带孩子做视力检查，掌握孩子的视力变化。从三岁开始，家里买视力表，经常测查，最好每半年做一次视力检查。这一点就像开车系安全带一样，是用最小的成本保障最大的安全。

二是日常观察。家长要学会通过孩子一些细微动作的变化，发现其视力问题。

对于家长来说，日常最难判断的是孩子的轻度近视。孩子在轻度近视阶段，特别是刚刚有近视征兆的时候，只有一百度，甚至五十度的近视。这个程度，作为家长，如果不掌握一些技巧方法，很难发现孩子眼睛的异常。下面几种情况，家长要特别注意。

1.看电视凑得太近

如果孩子在看电视时喜欢往前面凑，而且是经常性的动作，还离得特

小学家校共育24讲

别近，这个时候，就要格外关注了。这种情况，就要怀疑有近视或散光的可能性了。

总之，如果孩子经常性地在一米内的距离看电视，就要引起家长的注意了，建议带孩子去眼科医院进行视力检查。

2.眯眼看东西

这个现象比较好观察，当发现孩子在看电视或者看绘本时，都会习惯性、下意识地眯起眼睛，这个动作也意味着孩子有可能散光或近视了。

3.看东西揉眼

有些孩子会一只眼睛视力好，一只眼睛视力不好。有些甚至双眼视力相差还很大，比如一只眼睛100度，另外一只眼睛500甚至1000度。这种情况，叫作屈光参差。

屈光参差，隐蔽性非常强，因为有一只眼睛视力正常，所以不容易被家长发现。如果家长发现孩子经常用手揉一只眼睛，就一定要关注这个现象，及时带孩子去医院做视力筛查。

4.遇见强光，喜欢闭一只眼

孩子到户外，见了强烈的阳光，双眼会同时眯住，这是正常的反应。但如果孩子只眯住一只眼睛，家长就要注意了。有可能是斜视，或者是单眼的重度近视或者是单眼重度远视。

四、近视了应该怎么做

如果孩子已经被确诊为近视，最直接的解决办法就是配眼镜。但是家长需要知道，孩子配眼镜的流程跟成人有很大的区别，要想配一副合格、安全的眼镜需要注意以下几点。

（一）准确验光

配镜前，一般要先做眼病的筛查，然后散瞳验光，确认真假近视。眼镜店常用的是电脑验光，而正规医院通用的散瞳验光，原理是通过使用专用散瞳剂，让孩子眼睛的调焦系统失灵，验出真实的近视和散光度数。但散瞳验光后，通常需要3到4周后，眼睛才能恢复正常视力。这导致孩子上学会受到影响，这是很多家长和孩子不愿去医院散瞳验光的主要原因。但为了长远考虑，宁可忍受这暂时的不舒适，也要对孩子的眼睛负责，避免误诊。

（二）配眼镜

有了准确的验光，就可以配眼镜了，到这一环节，作为家长，只要配合医生完成配镜就行了。

（三）挑选眼镜的原则

选眼镜时，应选择材质安全、瞳距适中、轻薄舒适的眼镜，这方面医生会很认真地提醒。尽量让孩子选自己喜欢的颜色、款式。否则，如果孩子觉得不好看，在家长注意不到的情况下，就会偷偷地把眼镜摘掉，那眼镜就白配了。

讲完注意事项，家长可能还有一些疑问，主要是下面一些问题：

问题1：戴眼镜是不是会让眼球凸出？

不会的，眼球凸出不是戴眼镜造成的。眼球凸出是由于眼轴延长、眼球前后径增长引起的。

问题2：儿童能戴成年人的隐形眼镜吗？

绝对不能，因为孩子的眼睛没有发育成熟，眼角膜组织比较柔弱，戴隐形眼镜，容易造成眼睛发炎、感染，严重的会造成角膜感染，甚至会引起孩子眼睛的失明。

第13讲　劳动教育，你的孩子会做家务吗？

●导读

孩子太小，干不了！孩子太小，干不好！孩子太忙，没时间！

出于疼爱，很多父母不舍得让孩子干家务活儿，认为做家务是大人的事情，孩子好好读书就好了。

孩子专心学习不做家务就会更优秀吗？当然不是。

其实，孩子更多是在体验中长大，体验越多，感受越深。凡是孩子能做到的事情，家长尽量不要包办代替，孩子进一步，大人退一步，这就叫成长。

这节课我们来聊一聊如何让孩子从小就自然而然地参与并热爱家务劳动。

●目标

一方面帮助家长了解培养孩子做家务的好处，另一方面了解如何培养孩子做家务劳动的习惯。

一说起让孩子做家务这个话题，有些家长会认为孩子还小，搞好自己的学习就行了，没必要做家务。事实上，孩子做不做家务，不仅仅是"懒惰"与"勤快"的区别，它更考验着孩子的动手能力、肢体协调能力和家庭责任感。别看做家务干的都是些不起眼的零碎活儿，但它能锻炼孩子的四肢协调能力，促进大脑、眼睛、手指的配合。

教育部发布的《义务教育劳动课程标准（2022年版）》（以下简称《标

准》）把烹饪等家务劳动纳入中小学的劳动课程中，并针对不同年级设置相应的内容。做饭、整理收纳、厨具的使用和养护……这些原本不被重视的内容，现在成了学校里的必修课。

一、孩子做家务劳动的好处

（一）做家务的孩子，成绩更优异
在学习间隙，抽出时间做些力所能及的家务，不仅能缓解大脑疲劳，还能使孩子的动手能力和解决实际问题的能力得到很好的锻炼。

（二）从小做家务的孩子，共情能力更强，责任感也更强
从小"衣来伸手、饭来张口"的孩子，很难理解劳动的价值；从不打扫房间的孩子，长大后也很难和同学、同事一起维护宿舍、办公室的整洁；一个不愿为家庭成员付出劳动，没有家庭责任感的孩子，很难培养出社会责任感。

（三）家务劳动能增强孩子的体质
适当的家务劳动，能让孩子身体得到锻炼，有利于增强体质。

二、孩子不会做家务的原因

（一）缺乏做家务的意识和能力
根据观察，很多孩子之所以不做家务，是因为没有做家务的意识和能力。

有些孩子很想参与家务劳动，可自己不知道该怎么做，从哪里做起，摆弄来摆弄去，结果还是一团糟。这样的孩子缺乏做家务的基本技能。他们在遇到困难时，没有得到家长及时的指导与帮助，在一次次的失败后，做家务的热情消失了，索性不再尝试做家务劳动了。

（二）家长过分包办替代、催促指责和孩子的自我放任

当孩子小的时候，家长一看孩子做事笨手笨脚就果断制止，自己大包大揽，认为孩子做家务净是在添乱，弄不好家长还得收拾残局。比如孩子学习洗碗时，可能会把水弄到地上，或是把衣服弄湿、弄脏等，家长觉得孩子是在"帮倒忙"，与其让孩子做还不如自己做。

其实，每一个孩子内心都有向善向美向上的内驱力，他们非常愿意帮助爸爸妈妈，内心也非常渴望得到爸爸妈妈的赞赏、信任和认同。可当他们准备去做家务时，家长表现出来的更多是指责。指责他们不是做得不好，就是做得太慢，有时还一个劲催促。长此以往，孩子形成了一种固定的思维模式——我做不好家务活，我也不想做家务活。

三、如何培养孩子做家务劳动的习惯

（一）言传身教，帮孩子树立劳动意识

模仿是孩子重要的学习方式之一，家长应以身作则，热爱家务劳动，营造整洁而美好的家居环境。家长还应让孩子知道，做家务是整个家庭的事，每个家庭成员都应该积极参与，共同分担。一起整理房间，一起做饭，这些看似简单的家务劳动，都会给孩子提供与亲人相处的宝贵机会，增进亲子关系，增强孩子的责任感和主人翁意识。

（二）尊重孩子，给予孩子选择权

在做家务前，家长可以把任务细分，列出清单让孩子自行选择，这样他们能感到自己拥有选择的权利，心甘情愿地做自己喜欢的工作。

下表是根据《标准》列举的小学生家务劳动清单示例，家长朋友们可以根据自己孩子的年龄特点，加以参考，给孩子制订出合适的家务劳动清单。

小学生家务劳动清单示例表

学段	整理房间	打扫卫生	器具维护	美化家庭	烹饪帮厨
第一学段（1~2年级）	收拾整理衣物	擦拭桌椅和与身体等高的书柜、衣柜		定期为绿植浇水 布置小书桌	择菜 摆放碗筷 饭后洗碗 协助家人收拾餐桌
第二学段（3~4年级）	叠衣服 整理衣柜和玩具柜	扫地或拖地	擦洗自行车	为绿植除尘和去除黄叶	洗菜 切条状蔬菜等 会做简单凉菜等
第三学段（5~6年级）	分类整理书柜	清洗茶具 借助工具擦拭高于自己的家具	清洁灶台	移栽绿植 修剪绿植 学习插花	切圆形蔬果 做简单热菜 协助家人烹饪

（三）示范引领，教孩子做家务的技能

做家务需要一定的技能，这就需要父母教孩子一些劳动的程序、操作方法及劳动技巧。比如洗衣服，家长可以告诉孩子：洗衣服前要先把深色的、浅色的衣物分类；通过看标签，把需干洗的衣服或者需要特殊处理的衣服单独拿出来处理；还要告诉孩子怎样去操作洗衣机，怎样放洗衣粉，对一些污渍需要怎么事先处理。家长可以一边示范一边说明，让孩子知道怎么去做，怎样可以做得更好。

做任何事情都有一个学习的过程，劳动也是一样，我们应该耐心地教孩子，在做的过程中，如果孩子遇到困难，千万不要简单地说"你自己想办法吧"或者不闻不问。这样会起反作用，孩子还没有养成好习惯，就会自动放弃。

（四）尊重孩子的劳动

孩子一开始做家务很可能比较粗糙，顾此失彼。此时家长不应该太苛刻，不要打击孩子劳动的积极性，应给予孩子一些积极的鼓励去强化孩子做家务劳动的行为。在多次的劳动和鼓励中，培养孩子的自豪感和动手能力，使孩子渐渐养成做家务劳动的习惯。鼓励应及时和中肯，注意别走入另一个极端——表扬过度。孩子明明做了很小很少的事，家长就夸大其词地表扬，这样不仅起不到强化效果，还会让孩子止步不前。在表扬时，一定要做到中肯、实际、具体，说清楚孩子具体做了什么事值得表扬。

（五）主动"示弱"，激发孩子的自豪感

家长做家务时如果能偶尔示弱，不时向孩子求助，这种被需要、被重视的感觉会促使他们以后在做家务时变得更积极、主动。

（六）巧用方法增强孩子的积极性

方法一：指定孩子去干某一特定任务

可以每周贴出孩子要干的家务劳动内容，指定孩子去干某一特定任务，比如盛饭、擦桌子、拖地等。家长要让孩子自己安排家务计划，并确定完成任务的期限，途中不要随意使唤孩子。

方法二：轮流干某些活儿

让孩子有机会去做最没有兴趣或最容易干的工作。等孩子做完后，家长检查孩子的完成情况，及时给予评价，这可促使孩子因自己的劳动而产生一种完成任务的成就感。

方法三：给孩子一些新的挑战

重复做某件事，孩子会比较容易感到乏味，所以家长偶尔给孩子一些新的任务，孩子反而会觉得新鲜。比如，家长对孩子说："今天咱们一起来包饺子吧。"这样既可以锻炼孩子做家务的能力，也可以让他不再畏惧挑战。

各年龄段孩子的动作技巧、认知程度和体力、耐心均不相同，家长对孩子做家务的要求应该视孩子的能力范围而定，让孩子做力所能及的事情，以免孩子因挫折而产生抗拒和畏惧心理。

第14讲 好情绪,好孩子,好生活

● 导读

通过长期观察,我们认为家庭教育的核心问题是亲子沟通,良好情绪是良好沟通的基础。现实中,家长动辄打骂孩子、孩子撒泼打滚的现象屡见不鲜。这不仅导致紧张的家庭氛围,也影响孩子的学习效果。因此,我们不仅需要重视孩子良好行为的培养,还要教导他们管理好情绪,使孩子有更高水平的情绪教养。良好的情绪教养会让家庭更幸福,孩子更优秀。

● 目标

提升理解孩子情绪的能力,教会孩子表达情绪的能力,根据孩子的需要真正地去帮助他。

一、情绪教养的基础

(一)童年的经历,建构一生的情绪人格

心理学家将人类的情感模式比喻为浮在海面上的冰山,其中海面上的可见部分,是我们自己可以察觉和管理的,而海面下更大的一部分,则是我们没有察觉或无法察觉的本能与情绪人格。冰山上可见部分,相对容易进行"情绪管理",而冰山下的部分管理效果则非常有限。

若孩子的情绪人格是健康正面的,他面对各种情况的本能回应大多良好正面;若孩子的情绪人格比较负面,他面对各种情况的本能回应大多消

极。童年时的经历可以帮助其建构一生的情绪人格，家长要重视孩子的情绪教养。

（二）被爱的孩子更独立

很多父母认为，要培养孩子的独立能力，就应该在孩子小的时候，尽量不要让他们一直跟在身边，锻炼孩子自己睡觉、自己做事，以培养他们的独立性。然而，研究结果表明，那些在早期与父母疏离的孩子并没有显示出更加独立的特性，相反，那些拥有温暖家庭、与父母情感紧密相连的孩子反而更早独立。

在游乐场上，一些父母对孩子说："去玩吧。"孩子就跑去玩了。玩一会儿后，孩子边溜滑梯边说："妈妈，你看我在这里！"得到妈妈回应后，孩子又继续玩了起来。

然而，有的孩子却不同，当妈妈说："你去玩吧。"孩子不去，一直黏在妈妈身边。这种一直黏在父母身边的孩子，父母可能会觉得："你看，我的孩子多需要我，他跟我多亲啊。"父母甚至据此判断自己家庭的依附关系非常好。但事实并非如此，明明有那么多有趣的游戏可以玩，孩子为什么不去呢？因为他怕一放手，父母就不见了。因此，那种紧紧抓着父母不敢放手去玩的孩子，他的依附关系并不安全。相反，那些拥有安全依附的孩子相信父母不会离开他们，所以敢于放手去玩。

不仅如此，情感需求得不到满足的孩子，可能会在未来的人生中，不断地追逐各种成就与各样关系，以填补心中空缺。尽管他们表面上看起来独立，内心却一直没有真正独立。因此，如果希望孩子在身心上能早日真正成熟独立，家长需要满足孩子爱的需求，而不是剥夺这种需求。

（三）家庭的温暖对孩子的大脑发育最重要

研究发现，长期遭受父母打骂的孩子，即使在被转移到良好家庭环境后，仍然普遍出现学习迟缓，注意力和学习能力较差的问题。

奇怪，为什么身体受虐，脑袋会变笨呢？研究发现，受虐孩子的脑部活化情况跟正常孩子有明显不同，受虐孩子的脑活动协调性相对不足。专家推测，在0～6岁这一大脑迅速发展的时期，受虐孩子在此时期情绪上承受了过高压力，导致脑组织发育受损，进而影响了他们的注意力和学习能力。

有些父母会认为孩子不打不成器，但为了学习而打孩子是不科学的做法。在0～6岁大脑发育的重要时期，给孩子情绪上的安全才是最重要的。进一步的研究发现，即使孩子本身并没有受到任何损伤，但父母长期感情不好，整天吵架打架，孩子大脑也会出现类似的创伤形态。

因此，父母给孩子人生中第一个最重要的礼物，应该是给他一个温暖的家庭。

二、小学低年级孩子情绪教养的方法

（一）情绪教养三部曲

在情绪教养方面，我们应该教给孩子三个方面的内容：情绪表达、情绪理解、情绪调节。

1.情绪表达：口语描述+适当表达

情绪表达就是教孩子将内在感受表达出来的过程。孩子表达情绪的方式有很多。年幼的孩子哭、闹、撒泼、在地上打滚，甚至扔东西、咬人，都是情绪表达。然而，这种表达是不合适的，所以我们要教孩子正确的情绪表达方式。情绪表达的教导可以分为两个层次：第一，教孩子用语言取代身体行为，即学会用语言描述来表达情绪，简单来说，就是"要说不要做"；第二，教孩子选择合适的语言表达自己的情绪。

（1）口语描述

我们应该从幼儿时期就教孩子通过口语准确地表达内在的情绪状态。强调一点，这是在平时进行的教育，而不是等到孩子发脾气、大闹时才教。在平时，当孩子处于各种情绪状态时，家长应首先教孩子先描述情境，再表达感受。当孩子情绪发生变化时，可以先"帮他说"，例如"哦！你收到了生日礼物，现在你很高兴，对不对？"或"哥哥弄倒了你的积木，你很生气，对不对？"然后他就知道他现在这个感受就是"高兴"或者"生气"，而原因是"我收到了生日礼物"和"哥哥弄倒了我的积木"。

这样一次次帮孩子表达，就是在给孩子做示范。当以后有事情发生时，孩子才有能力表达出来。

家长们要注意，当孩子没有哭闹，而是将自己的情绪用语言表达出来时，你一定要立刻回应他。孩子会发现自己不用哭、不用闹，只要开口说话，妈妈就会理解自己。这样，孩子下次就会更愿意尝试用"说"的策略代替其他策略。

通过反复实践，孩子学到并体验到了好处，家长会越来越多地听到孩子说："妈妈，你离开我去上班，我好难过！"或者"爸爸你陪我玩，我好高兴！"这表明孩子真的学会了把内在感受用语言表达出来。

这是情绪表达教养的第一步，通过语言将内在状态传达出来。

（2）适当表达。

孩子拥有"口语描述"这个能力之后，还需学习第二层情绪表达，即"适当表达"。这意味着在适当的时机用适当的方式表达情绪。

举个例子，公交车上，孩子看到一个人上车，他大声对妈妈说："妈妈，你看，刚上来那个阿姨好胖，丑死了！"妈妈压低声音说："你怎么可以这样讲？"结果孩子还提高音量、理直气壮地说："她明明就很胖，我又没有说错！"

这个孩子是在使用"口语描述"策略，但我们成人都知道他这样的表达是不恰当的，会使他人不愉快。例子中的那位妈妈继续对孩子小声讲："对，那个阿姨胖胖的，但是你把它大声说出来，让全车人都听到，妈妈不喜欢你这样做，这很不礼貌。"

这是情绪表达的第二层次，让孩子懂得不仅要真诚表达情绪，还要体贴和尊重他人，学习在不同的情况下能够适当地、不伤人地去表达自己的感受。

这是非常重要的学习，孩子只有把这两个层面都完整学习后，情绪表达的教导才算完成。家庭是情绪表达最重要的教育场所，孩子如果在这方面得到良好引导，我们称之为"家教很好"，这样的孩子在学校也会受到老师和同学的欢迎。

2.情绪理解：了解情绪"是什么"和"为什么"

情绪教养的第二部分是"情绪理解"。假设有个人眼睛瞪大，脸色泛红，双手握拳，你觉得这个人是生气、激动，还是兴奋？就连成人也难以确定，更别说孩子了。因此，情绪需要被识别和命名，而正确命名的前提是知道"我现在是什么状态"和"我为什么会这样"。这种对"是什么""为什么"的了解就是情绪理解的核心内涵。这是本讲的重点，后文会详细说明怎么用游戏、绘本帮助孩子做好情绪教养。

3.情绪调节：找到让情绪重回正轨的有效策略

情绪教养的第三部分是"情绪调节"，即在严重的负面情绪中，通过简单有效的方法恢复正常情绪。

这种能力在现代社会尤为重要。近年来，许多孩子因小事而崩溃，自己和家人都备受困扰，甚至有的孩子已经上了大学，还会因为考试压力大或是别人的负面评价而做出极端行为。这些孩子通常都很乖巧，总是把情绪累积在心中，等家长发现问题时可能为时已晚。人生不可能没有挫折，但如果曾经有人教导他如何调节情绪，这些孩子就有机会化解平常那些负面情绪，很多遗憾可能根本就不会发生。

随着孩子不断长大，调节方法也会改变。比如，孩子小时候可以找妈妈抱抱；稍大一点，可以打球、听音乐……不管是什么方法，要让孩子明白当情绪出现问题的时候，即使身边没有人帮忙，自己依旧有办法照顾自己的情绪。

（二）用游戏来帮助孩子学习情绪表达、情绪理解和情绪调节

情绪表达和情绪理解有很多方式，最简单的就是通过脸部表情判断。家长就可以和孩子一起观察周围人的表情、动作，猜测他们的情绪。这种观察表情和肢体动作的活动可以让孩子提高对他人情绪感知的敏感度。

空闲的时候，我们还可以带着孩子玩"情绪图卡"的游戏，帮助孩子学习情绪表达、情绪理解和情绪调节。

"情绪图卡"游戏

游戏准备：一张白纸，先裁成四张扑克牌似的图卡，然后分别画4个面部表情——高兴、生气、难过、害怕。画法不要求专业，看得懂就行。

游戏人员：爸爸、妈妈、孩子，最好爷爷、奶奶等一起参与。

游戏方式一："我的感觉"——练习情绪表达

1.选一张最能代表游戏参与者现在情绪的图卡

2.游戏参与者将情绪图卡举在胸前给大家看，说"我觉得……，为什么……"

3.换人，继续重复1、2步骤

示例：妈妈选了高兴的图卡，放在胸前给大家看，说："我觉得很高兴，因为今天宝宝跟我说'妈妈我爱你'。"

接着，爸爸选了生气的图卡，说："我觉得很生气，因为今天我被老板批评了。"内容长短可以根据孩子年龄情况确定。

通过这样简单的活动，孩子就能明确学习到，不同情绪背后有不同原因，而相同的情绪也可能由不同的原因造成。同时，孩子也能意识到，相同的事情每个人的感受可能不尽相同，例如看球赛，爸爸觉得超好看，妈妈却觉得无聊，游戏过程既是亲子互动，也是"情绪理解"的学习机会。

游戏方式二："他的感觉"——练习情绪理解

1.游戏参与者猜旁边人的情绪，举起对应卡片

2.说出理由

3.当事人确认游戏参与者说得是对还是错

4.换人，继续重复以上步骤

示例：孩子猜坐在他右边的妈妈的情绪，选一张图卡，然后看着妈妈说："我觉得妈妈很生气，因为今天她烫了新发型，爸爸都没发现。"

假如妈妈真的很生气，就说："哦，你说对了！我真的很生气。"

假如妈妈没有生气，就说："不是哟，其实我没有生气，妈妈最体谅爸爸了。"

这种简单的游戏，可以让孩子明白看表情能知道别人的大致情绪，还会让孩子发现人们表现出来的样子未必是真实感受。例如，孩子说"我

觉得妈妈很高兴，因为妈妈笑眯眯的"，但实际上，妈妈今天的工作不顺利，心情很糟。所以妈妈在确认的时候，可以说："是的，妈妈现在笑是因为妈妈看到你、在陪你玩，但其实妈妈今天很不愉快，心里很难过。"

在猜测和确认的过程中，孩子慢慢会体会到，人同时存在"表面情绪"与"真实感受"，且二者未必完全一致。怎么知道别人的真实感受呢？这就需要对他人多观察了解。通过反复游戏，孩子就会变得越来越会去留意周围的人，不再只依赖表情，还会依靠观察去了解他人真实的感受。

游戏方式三："情绪故事"——练习情绪调节

1.把图卡叠成一沓，面朝下，然后一人抽一张

2.抽到的人根据抽到的图卡内容说一个"我最……的经历"

示例：抽到高兴，就要说一个"我最高兴的经历"。

跟孩子玩情绪游戏的时候，家长会听到很多秘密，很多自己从来不知道的孩子或家人正在或曾经经历的事情，这种诉说过程本身就是情绪调节的一部分。

玩情绪经历叙述游戏时，不一定需要使用图卡。当孩子感到难过时，家长可以分享自己曾经的难过经历，因为倾听他人悲伤的经历有时也具有疗愈作用。在分享时，家长需要提出"难过的时候，你会怎么做才能不难过"这样的问题，以便引导孩子思考"情绪调节"的策略。这样一来，情绪的表达、理解、调节三方面都能得到练习。

（三）使用绘本来帮孩子表达、理解和调节情绪

1.和孩子一起阅读和讨论情绪绘本

如今市面上有许多与情绪相关的绘本，我们可以利用它们对情绪展开深入讨论。讨论的过程中，孩子可以体验和理解情绪，并将其应用于现实生活中。在阅读绘本时，孩子可以看到故事中角色的经历，从而得到心理疗愈。

2.选择情绪主题绘本

选择贴近孩子生活的与情绪相关的绘本。例如《我好难过》《我好

害怕》《我好生气》《我好嫉妒》等绘本，它们是专为孩子情绪教导设计的，每本书都有一个情绪主题。《我好生气》这本书一开始就描述："我好生气，因为有人取笑我；我好生气，因为玩得正高兴，却要停下来整理房间；我好生气，因为终于可以去游泳，却下雨了。"这是告诉孩子哪些情况会导致生气。描述原因后，绘本接着介绍生气是什么感受，比如"生气是一种火辣辣的感觉；生气的时候，我想说难听的话、大叫，或是打人。"描述完生气感受之后，书本提供调节策略，借故事主角的口吻说："生气的时候，可以离开那个让我生气的人；还可以用力吸气，再大口吐出来；或是做我喜欢的事，让自己冷静下来。"

这些绘本对孩子有很好的情绪教导效果。共读过程中，家长可以和孩子讨论："你有没有生气的时候啊，什么时候你会生气呢？对你来说，生气是什么感觉？"家长也可以问问孩子："生气的时候，你都怎么办呢？"

3.善用解决情绪难题的贴心绘本

孩子有时会遇到难以处理的问题，如亲人过世、宠物死亡等。此时家长往往难以与孩子谈论这些情绪。尤其遇到亲人过世，家长自己往往都处于悲伤中，更不知该怎么跟孩子谈论。这时，可以使用一些贴心的绘本来帮助孩子理解、调节情绪。

4.给爸爸妈妈看的情绪绘本

刚刚那些绘本主要帮助孩子学习情绪管理。其实，很多父母也无法掌控自己的情绪。

父母经常生气暴怒，对孩子来说也是一种伤害，而且过度暴怒给孩子展现了错误的情绪教导，让孩子觉得爸爸妈妈遇到不如意、遇到挫折的时候，就只会发脾气。很多时候家长会以为孩子小，什么也不懂，跟孩子发脾气也无妨，事情过去就好了。事实并非如此，对这个小小的孩子来说，他最亲爱、最依赖的人对他的暴怒是最让他受伤的。所以，父母若经常责罚或打骂孩子，孩子就会被迫发展出说谎、讨好等行为来应对，导致孩子的品性出现问题，失去了原本的纯真。

所以，如果家长朋友们发现自己已经到了动不动就发脾气的程度，那么请稍作停顿，重新调整自己。冷静下来，反思一下自己发生了什么事情，给自己喘息的空间，思考如何做出改变。要想给孩子良好的情绪教导，先要练习爱自己、修复自己，让自己变得快乐，然后才有能力去引导孩子处理好情绪。

第15讲　孩子座位不理想,怎样给老师说?

●导读

春晚小品《占位子》里几位家长为了给自家孩子占个"好位子"动口又动手,乍听之下,几位家长心中的理想座位确实不错,既照顾了身体有特殊情况的孩子,又能让孩子更好地听讲。但事实真的如此吗?现实生活中成绩真的会受到座位影响吗?对于孩子的座位,究竟该采取怎样的态度呢?如果孩子确实需要换座位,家长该怎么办呢?

●目标

一方面让家长正确认识座位问题,另一方面让家长知道当孩子座位不理想时该怎么办。

春晚小品《占位子》里几位家长为了给自家孩子抢到教室里的好位置使出浑身解数,令人捧腹。笑声背后,小品也引发了广大家长对孩子座位的热议。

座位对孩子来说,真的那么重要吗?坐到了所谓的好位置,孩子就一定能变成学霸吗?座位与学习成绩之间究竟有没有关系?觉得孩子座位不合适时,家长应该怎么做?我们今天就来谈一谈。

说到这个问题,先得说说教室里大家都要抢的好位置到底是指哪里?到底哪里是家长心目中的"黄金"座位?中间、靠前,但是不要第一排!实际上,家长都看中的那一片最多只有十几个座位,而大班额情况下每个班都有几十人，不可能人人都坐在那里。老师对座位安排都有自己的整体思路。

一、编排座位时的一般规律

（一）正常编排原则

1.从矮到高

这个原因就不必赘述了，虽然孩子们年龄基本一致，但小孩的个子差异还是挺大的。

2.学生差异化搭配

学习成绩不太理想的或行为习惯不是太好的学生同成绩优异、课堂表现、课后作业完成等方面表现出色的孩子做同桌，他们坐在一起可以互帮互助，起到促进、带动作用。

3.动静搭配

有的孩子特别爱动，坐不住，老师就会安排一个比较文静的孩子跟他做同桌，这样可以协调互补，避免扰乱课堂纪律，便于良好班风的形成，达到共同进步的目标。

4.男女生搭配

男孩子一般相对活泼好动，而女孩子课堂上一般比较安静，因此老师会安排男女生做同桌。

5.定期循环

为了所有孩子的健康成长，兼顾更多孩子的需求，老师会采用各种方式让孩子的座位定期轮换。一般是两周换一次，如前三排、中三排、后三排循环，左右滚动、前后滚动。尤其是在大班额的情况下，座位滚动的方式更多，基本上一个学期教室的每个位置每个孩子都坐过！

（二）特殊情况的处理

1.身体健康需求

这里所说的特殊情况一般以身体原因为主，比如高度近视、弱视、斜

小学家校共育24讲

视、听力问题、粉尘过敏等情况，这些孩子本来就备受疾病困扰，比健康孩子承受更多，所以首先要考虑他们的需求，为他们的学习提供方便。

这里我们要特别说的是近视。学校的原则是，假性近视期一定要照顾，但孩子如果是真性近视，解决的方法就只能是戴眼镜和相应的矫正治疗了。

2.行为习惯需要

除了身体健康方面的原因，有部分家长希望孩子居中、靠前坐，是因为孩子的行为习惯欠佳，活泼好动。家长认为，假如没有老师近距离盯着，恐怕活泼好动的孩子上课时也完全停不下来。而孩子坐在前排，时时刻刻在老师眼皮子底下，上课更容易集中注意力，认真听讲，从而提高学习效率。为了不影响教学，这样的孩子往往被放在讲台旁边，等孩子行为习惯好些之后，还是会回到原位置的。

了解了这些之后，家长是不是觉得为了让班级氛围更积极、更和谐，老师排个座位挺不容易的。因此，老师给孩子编排的座位，家长不要过度解读，也不要轻易打破平衡，要相信老师。

二、座位与成绩之间的关系

（一）前排的孩子，老师是不是关注得更多

家长们之所以如此重视孩子的座位，是因为大家都认为座位靠前、中间的学生在课堂上能得到老师更多的关注，这样孩子的注意力、回答问题的频率等都会优于其他座位的孩子，对孩子的成绩有很大的影响。

事实并非如此，在小学，老师会关注坐在各个位置的孩子。那些平时表现欠佳，课堂注意力不集中的孩子受到老师关注的机会更多，老师在教室里转悠时，往往对后排关注得更多，有时还会多指点几下。因此，孩子能否得到更多的关注，跟座位的关系不大，重要的是让孩子积极发言，勇于参与各项活动，这样老师、同学都会对他格外关注的。

（二）前排的孩子成绩是不是更出色

有的家长觉得坐在前排的孩子往往更出色，而实际上孩子出色与否与座位前后并无必然联系。

因此关于孩子们的座位，并不是坐在前面就好，更不是坐在后面老师就顾不上。关于座位，给家长的建议是顺其自然，不要刻意。成绩好坏和座位没有必然联系，关键还是看孩子的学习能力、行为习惯。

三、如何看待孩子的同桌

说到这里，有的家长可能会想，不能挑好座位给孩子挑个好同桌总没错吧！

一般情况下，一位品学兼优的好学生，老师会给他安排一名成绩有待提高的同桌，希望能起到帮扶带动作用。这种安排给优秀孩子提供了一个帮助别人的机会，在这个过程中，不仅能培养孩子的爱心，还能让孩子的学习能力得到提高，因为给别人讲题就是一种运用所学知识的方式，它要求孩子不仅要知其然还要知其所以然。

除了学习上的互帮互助，同桌对孩子更重要的意义在于对孩子社会能力的培养。在和每个同桌相处的过程中，孩子能学会如何与不同的人相处、沟通、合作。这正是提高孩子情商，培养孩子解决问题能力的好机会，也就是说关注点应该是如何解决问题，而不是换座位。

具体该怎么做呢？

当孩子不能和同桌和谐相处时，家长不要急着找老师帮孩子换同桌，而要把它当作一个锻炼孩子沟通能力的机会，引导他该如何与同桌相处，鼓励他从不同角度思考问题，这样你的孩子会更快地成长。这正是孩子在学校参与集体学习的价值所在。

四、确实需要换座位该怎么做

（一）鼓励孩子自己解决问题

如果因为某种情况，确实需要老师帮助调换座位，该怎样说呢？建议家长先别急着找老师，可以先召开一个家庭会议，让孩子也参与进来，借此机会找到解决问题的方法。

在家庭会议上大家共同分析问题之后，如果孩子觉得不需要换座位，那问题就解决了。如果孩子还是执意要求换座位，家长可以告诉孩子："你应该自己去向老师说明情况！"这是更好的锻炼，如果孩子敢于向老师有理有据地提出自己的要求，相信老师会欣然接受，孩子有了自信，以后做事会更得体。

如果孩子没依靠家长的帮助，通过自己的努力让老师给他换了座位，孩子以后一定更敢于面对问题并解决问题。如果孩子没说好，也没关系，同样要鼓励孩子，肯定他的勇气并且帮他分析原因，而且相信老师一定会给他说明不同意换的理由。

教会孩子如何与他人相处，这样孩子就会越来越自信，越来越宽容，越来越开朗，越来越有好人缘。

（二）家长真诚沟通

最后要说的是，孩子毕竟是孩子，各方面能力还需要长期培养。若孩子和同桌总是闹矛盾，甚至影响到了学习或心理；若孩子特别胆小内向，什么都不敢说，受到委屈总是忍气吞声；若孩子的确近视了或者还有其他特殊情况；那么家长就有必要帮孩子向老师如实反映情况，这时请注意表达方式。

首先，家长要客观大方地表达自己的真实意愿。

其次，家长应该站在老师的立场，考虑老师的难处，多体谅包容。因为老师需要综合全班孩子的情况，做出考量。有时候为了调整一个孩子的座位，老师要连续调整好几个孩子的座位。

再次，家长在向老师表达诉求之前，可以先向孩子和其他教师了解一下情况，如果近期班级事务较少的话，此时向老师表达自己的想法，成功的概率会增加许多。也可以选择在学期结束给老师说，因为一般开学初班级都会有座位的调整。

最后，调整位置后，建议家长及时向老师了解孩子的在校表现，同时反馈孩子在家的综合表现。

"黄金座位"其实是家长心理焦虑的一个副产品，也是一种错误的心理暗示。家长与其盯着所谓的"黄金座位"，不如花更多的时间跟孩子沟通，进行亲子交流，把自己打造成"黄金父母"。这样，孩子会成长得更好，亲子关系也会更加和谐。

第16讲　如何让孩子和"考试"成为好朋友

●导读

孩子这一学期学得怎样？对课标要求掌握的知识掌握得怎样？这些学习情况都需要通过考试来检验。考试，能够让家长和老师，特别是孩子本人，清楚自己学习的不足，进而有目的、有针对性地进行查漏补缺。考试虽然是检验学习情况的必要手段，但绝对不是全部。比起成绩，成长和进步更加重要！

●目标

父母正确看待孩子的考试成绩，引导孩子正确对待考试，帮助孩子找到考试失利的原因，树立学习信心。

孩子的考试成绩一直是家长最为关心的问题，有些家长过分在意孩子的考试成绩，经常为此触发亲子矛盾。今天我们就来谈谈家长如何正确对待孩子的考试和成绩。

一、家长端正态度

1.调整好心态

家长要调整好自己的心态，不要表现得过于紧张、焦虑，孩子虽然年龄小，他们却能敏锐地觉察到家长对考试、对成绩的焦虑情绪。

2. 明白大部分孩子都在意考试

有些学生在面对考试时常常表现出无所谓的态度，从心理学的角度来看，这是一种心理防御机制，用降低标准、不抱希望来缓解考试压力。因此家长要认识到，大部分孩子内心都是想考好的，都是有压力的，只是这种压力很少被意识到。

3. 明确考试目的，便于发现问题

考试的目的，是为了发现问题。尤其是小学阶段，考试不是为了比成绩高低，而是为了检测学习情况，以便查缺补漏，及时调整下一阶段的学习。

4. 理智看待成绩起伏

影响考试成绩的因素有很多，主要包括学习态度、知识掌握情况、试卷难易程度、心理因素等。考试成绩有起伏是正常现象，家长不要一看到孩子的成绩下降，就大加非议，要允许孩子成绩有起伏，正因为学习成绩的波动起伏，才能发现问题，孩子也能在其中学会如何承受挫折。

5. 压力要适度

要正确看待考试压力。如果一个孩子面对考试毫无压力，可能发挥不出自己最好的水平。因为适度的压力可以调动身体的能量，让大脑处于适度的紧张状态，进而提高速度和效率，这些都是压力带来的好处。

当然，压力最好是保持一个适中的水平。压力过大，身体肌肉会持续收缩紧张，同时会引起注意力下降，记忆力减退，结果适得其反。

对于一些心理承受能力差的孩子，考试前不要给他施加过多的压力，孩子本身就有压力，再施压往往会造成无法挽回的遗憾。

二、考完之后家长该如何做

考试成绩出来后，家长该怎么做才能给予孩子积极引导？接下来我们谈谈考后的一些具体建议。

（一）在谈话沟通中引导

家庭教育中，能够和孩子心平气和地沟通和交流是非常重要的。当孩子成绩优异时，如果能得到家长和老师的肯定，他们的积极性就会越来越高，也会越来越自信。

当孩子考试成绩不理想时，如果遭到家长的指责、打骂、埋怨，孩子就容易产生自卑和厌学的情绪。因此，家长怎样跟孩子谈成绩？这个问题尤为重要，如果谈得好，孩子的信心就会提升，如果谈得不好，就会打击孩子，让孩子丧失学习的信心。

（二）考试后常见的沟通误区

日常生活当中，家长跟孩子谈论考试成绩时常会陷入下面几种误区。

第一种误区：孩子成绩优异，家长只提物质奖励。

当孩子取得好成绩，兴高采烈地回到家说："今天我数学考了一百分！"家长也很高兴："啊！不错不错！我们去吃个大餐或者给你买一个礼物！"这种回应方式，虽然也是积极主动式的，但孩子很容易因此改变做事的"原动力"，会变得为了得到奖励而学习，也丧失了一次总结成功经验的机会。

第二种误区：家长过度看重名次。

有些家长，在孩子考了高分时并不是及时肯定，而是追问排名。从家长的角度来看，之所以这样，是因为对孩子的期望过高，希望孩子在班里名列前茅。其实这也从另一个方面反映出家长比较焦虑。在小学阶段如果对名次过分关注，会极大地打击孩子学习的积极性，往往会得不偿失。

第三种误区：孩子自认为理想，家长却吹毛求疵。

有些家长希望孩子次次都得满分。孩子考了98分，名列前茅，有的家长就会说："你那2分丢哪了？"过分关注孩子的错误。这种谈话方式，会让孩子觉得自己的付出没有被认可，自信心会遭受打击。

第四种误区：孩子考试失利，家长一顿责骂。

孩子成绩不理想，内心非常沮丧，回到家，还要面对家长的责骂，甚至会翻学习上的旧账。家长这样做除了宣泄自己的焦虑情绪外，对于提高孩子的成绩没有任何作用，反而会让孩子丧失学习的信心，怀疑自己，从而产生消极情绪和畏难情绪。

第五种误区：孩子成绩不理想，家长只是简单安慰。

面对孩子不尽如人意的成绩，家长责骂、埋怨不可取，但是笼统地说一句"下次努力"，同样也起不到鼓励的作用。

（三）考试过后，有效沟通很重要

那么，考试过后家长应该怎样跟孩子谈论考试成绩呢？

1. 当孩子成绩优异时

当孩子考得好的时候，要善于引导孩子总结经验，让孩子知道自己努力的方向。

有一次，同事上四年级的女儿，蹦蹦跳跳跑来告诉我说："我今天数学考了81分。"81分，这个分数并不高，但是她为什么这么高兴呢？我就问她："为什么这么高兴啊！"她说："因为我们这次全班的平均成绩是80分。"哦，原来她比平均分高了一分，她这么高兴，可能比之前要好很多，有进步。于是我就追问："你是怎样让自己比平均分多考了一分的呢？"没想到我这个问题一问，小姑娘眉飞色舞地说："我这段时间学习可认真了！"我又问："你怎么认真了？你能不能具体说说啊？"她说："我们老师帮我换座位了，我同桌学习成绩非常好，所以他怎么学我也怎么学。"原来是榜样的作用！然后我继续问她："还有呢？"她说："我有个数学纠错本，每一次的错题我都非常认真地去改。"我接着问："还有吗？"然后她就接二连三地说了五条，她又问我说："阿姨，如果我一直这样做，是不是下次会考得更高呢？"我连忙说："是啊，是啊，你一直这样做的话，一定会考得更好！"她信心满满地回家了。

这样的谈话比起随口说一句"你下次要努力啊！""不错不错！"效果要好得多。

2. 当孩子成绩不理想时

看到孩子糟糕的成绩，家长往往会忍不住一顿责骂，长此以往，孩子就不愿意把分数告诉父母了，有时老师让家长在考卷上签字，孩子可能还会想方设法找别人代签。此时，家长和孩子的沟通就尤为重要，建议可以分以下三步来进行：

第一步是倾听。没考好，孩子很懊恼，情绪很糟，这是正常的，说明他在意考试成绩，是好事。如果孩子跟你抱怨出的题难、谁谁影响他了等，这只是在宣泄情绪，我们多听，用"嗯""哦""这样啊"来回应就行了。

第二步叫共情。家长要站在孩子的角度，去理解他们此时此刻的心情，可以这样说："你这次没有考好，一定很懊恼，你的心情我完全理解。"这就是共情。一方面可以让孩子感觉被理解，另一方面也可以稳定孩子的情绪。

记得有一年高考，有一个孩子在考数学时，将选择题答案圈在试卷上，后来时间紧，竟然忘记涂在答题卡上了。

听到这件事时，我心里猛一痛，为孩子感到惋惜。寒窗苦读十来年，却在高考时犯了这样一个不该犯的错误。如果说是因为题不会做，那么他的心里还会坦然一些，可现在是由于自己粗心大意造成的，我不敢想象，当他看到别的同学兴高采烈地讨论这道题多容易，那道题做对了的时候，他的内心是多么痛苦。

当天考试结束集合的时候，老师没有看到这个孩子，立马就领着同学到处找。结果，在校园湖边找到了这个孩子，他独自一人坐在那儿。当这个孩子看到老师和同学时，号啕大哭。同学们把他给抱住，任由他哭，接着安慰他说："事情都这样了，我们理解你的痛苦，现在不去想它，打起精神，明天好好考后两场，把失去的分捞回来。"经过同学们的安慰，孩子渐渐平静下来了。

第三步叫作正向重构。当孩子陷入消极情绪，失去信心时，我们要让孩子从正向去重构他对这个问题的看法。

同事的孩子月考是全年级第五百多名，只有数学考得还不错，考了全班第二。遇到这样的情况，我们应该这样对孩子说："虽然你月考是年级第五百多名，但是你的数学考了全班第二名，单科成绩很了不起啊！这多不容易呀！"这就是正向重构。当孩子因为没有考好而丧失信心时，家长要帮助孩子正向来看待自己，从而重拾学习的信心。

我们对孩子的爱与他们成绩好坏无关，与他们是否优秀无关！孩子现在的学习，是为了他们自己将来的发展，而不是为了满足家长的需求。只有明白了这些，家长才能处理好孩子考试中的各种问题，协助孩子，让孩子与成长路上不断遇见的"考试"成为和谐相处的好朋友。

第17讲 如何引导孩子放下手机

●导读

随着信息化的推广，手机已经融入我们的生活，完全不让孩子接触手机的可能性几乎为零。现在很多孩子都有属于自己的电子产品，从手机到平板电脑，这些对孩子的学习是有一定帮助的，但是有些孩子并没有使用电子产品来学习。

堵则溃，疏则通，与其让孩子背着家长偷偷玩手机，不如让孩子在家长监督下合理使用。为了让孩子远离手机诱惑，这一讲教家长如何引导孩子放下手机。

●目标

帮助家长寻找孩子沉迷手机的原因，同时丰富孩子的课余生活，培养孩子的兴趣爱好。当孩子的生活充满乐趣，手机对他的吸引力便会慢慢淡化。

手机等电子产品携带方便，不仅对大人有很强的吸引力，也比传统玩具更容易得到孩子的青睐。孩子无节制使用手机，不仅自制力容易变差，而且成绩也容易下滑。可是儿童沉迷手机带来的危害仅仅只有成绩吗？调查显示，长时间无节制使用手机不但对孩子的视力伤害巨大，而且对孩子的心理也有很大的危害。孩子长期玩手机缺乏人际交流，会导致性格越来越孤僻，很难融入集体生活；还会导致孩子易怒、暴躁，甚至出现偏执、暴力倾向。

为了防止孩子玩手机成瘾，家长可谓招数尽出，效果却始终不好，究其原因还是方法不得当。家长常见的处理方式有两种：

一种是强行禁止。没收孩子的手机，不让他们再玩，如果不听，或打或骂。这种简单粗暴的处理方式效果并不理想，产生了心理学上"禁果效应"，即越是禁止的东西，人们越想得到手，单方面的禁止可能会产生更逆反的心理。

另一种是听之任之。有些孩子如果不给他玩手机就胡搅蛮缠、大哭大闹，父母没有办法只能妥协。这种做法危害很大，这就使得孩子认为只要撒泼胡闹就可以达到目的，长此以往，父母就逐渐管不住孩子了。

那么，到底怎样做才能有效阻止孩子玩手机成瘾呢？

在解决问题之前，首先弄清孩子迷恋手机的缘由，只有找出根源，才能对症下药。

一、孩子沉迷手机的原因

（一）孤独

很多家庭，父母忙于工作没有时间陪伴孩子，于是孩子就把感情寄托在手机上，将手机当成形影不离的伙伴，长此以往，就越来越依赖手机。有些家长虽然和孩子在一起，但如果孩子"闹腾"不止，就给他一部手机，瞬间整个世界都安静了，父母也省心了。殊不知，孩子的"手机瘾"，就是这样慢慢染上的。

（二）好玩

手机里的世界之所以吸引孩子，是因为它集声音与画面于一体，包含很多新奇有趣的东西。就拿游戏来说，最吸引孩子的是里面的即时奖励设计，孩子过关了就会得到系统的即时奖励，如获得队友的夸奖，获得武器、战斗值、金币、血量等。而且，现在的游戏制作越来越精美，所以孩子很容易深陷其中。

（三）缺乏自己的兴趣爱好

缺乏自己的兴趣爱好是很多孩子玩手机的理由。孩子天性爱动也爱玩，如果孩子在自由支配的时间里不知道该玩什么，或者一直只玩一种游戏时，就会感到厌烦和枯燥。如果孩子没有自己的兴趣爱好，闲暇时也就只能通过玩手机来打发无聊的时间。

二、引导孩子放下手机的建议

（一）以身作则

一个玩手机成瘾孩子的背后，往往都有个玩手机成瘾的家长。现实中可以看到许多家长，一边呵斥孩子不要玩手机，一边自己沉迷于手机不能自拔。所以，要想让孩子远离手机，父母首先要以身作则，学会放下手机，在亲子时光里耐心陪伴孩子。孩子写作业时，父母可以在旁边读书、看报；孩子读书时，父母可以与孩子一起共读；孩子玩耍时，父母可以陪着一起做游戏……只有这样才能让孩子慢慢离开手机。

（二）培养兴趣爱好

孩子之所以沉迷玩手机，一方面是因为手机的吸引力实在太大，另一方面则是因为除了玩手机，他们没有其他的娱乐方式。所以，多培养孩子兴趣爱好显得尤为重要。如果孩子有了良好的兴趣爱好，他就会把更多的注意力放在自己喜欢的事情上。

（三）正确引导，做好约定

对于孩子玩手机，强行禁止和听之任之都是不可取的，应该对孩子玩手机提出明确的要求。家长不妨给孩子规定玩手机的时间，比如写完作业可以适当玩一会儿，周末根据孩子的表现规定玩手机的时长。

手机是一把双刃剑，不能视它为洪水猛兽，全盘否定，也不能过度依赖，整日沉迷。作为新时代的家长，我们必须与时俱进地提升家庭教育智慧，引导孩子养成合理使用手机的习惯。

第18讲 纠错，让学习更高效

●导读

"纠错"是学习环节中常常被忽视的一环，认真"纠错"，建立错题本，能帮助孩子找到各科学习的薄弱环节，避免出现同样的错误，是最有针对性的个性化学习。同时，系统整理错题、分析原因还可以培养孩子的综合分析能力，使其养成良好思维习惯，提高学习成绩。

●目标

认识"纠错"的重要性，掌握更多"纠错"方法；学会正确使用错题本，找到学习的薄弱点，使学习策略更有倾向性，复习也更有针对性；运用错题本，养成爱思考、善总结的好习惯，提高学习效率，轻松取得好成绩。

在众多学习方法中，"纠错"是常常被学生和家长忽视的一环，我们要认识错题的价值，正确对待错题，让错题成为自己个性化学习的助手。

一、纠错的目的和意义

在实际教学中，老师每天都会布置作业，布置作业的目的是让学生及时巩固和复习当天学的知识，同时还有另一个重要作用查漏补缺。及时纠错，写作业才更有价值。

那么如何纠错，才能让学习更高效呢？

二、日常纠错三注意

为了让纠错能落到实处，有效提高孩子的学习效率，日常纠错要重在及时，贵在坚持，反复多次。

（一）纠错要及时

人的大脑有"先入为主"的习惯，错误的知识输入后，大脑就相信这个知识是正确的，并且记住了它，所以一旦发现错误，就要及早修正，此时错误的信息在头脑中产生的影响还小，容易清除，也就是我们常说的"亡羊补牢，为时未晚"。

（二）纠错要坚持

在大班额的情况下，老师对纠错的督促检查常常会心有余而力不足，因此有的孩子就有可能偷懒。所以家长要时常查看孩子的作业本、练习册、试卷等，要督促孩子定期对错题整理归纳，让孩子养成坚持"纠错"的好习惯。

（三）纠错要多次

在日常的纠错中，很多时候改一次并不能让孩子的记忆立马更正过来，这是大脑的记忆规律，一旦记忆是错的，往往需要几倍的精力才能把它给调整过来。所以面对孩子的错误，家长要有心理准备，也许他会一犯再犯，要有足够的耐心去帮助和提醒孩子反复纠正。

三、规范整理错题本

随着年级的升高，很多孩子经常会在某些题目上一错再错，其根本原因是随着学习难度增大，错误逐渐增多，一些孩子就会出现偷懒现象，纠错不扎实，不彻底，以致留下了"后遗症"。到底怎样才能减少这种现象发生呢？建立"纠错本"是一个很不错的方法，它可以在很大程度上帮助孩子走出"屡改屡错"的困境。

（一）精选错题，合理分类

选择一些有代表性的错题，摘抄下来并且把这些题目弄懂，避免下次再犯类似的错误，这才是纠错的根本目的。

有代表性的错题大致可以分为三类：第一类是普遍性的易错题。第二类是典型性的易错题。第三类是出现频率较高的易错题。

（二）内容完整，深入分析

每道错题的记录应该包括题目、错因分析、正确解答三部分。

在写错因分析时，需要家长引导孩子进行分析，想一想"这道题为什么会做错呢，是审题不清，还是计算环节出了问题，应该怎样做，用哪种方法解答更好……"要让孩子能由果溯因，把错误原因弄个水落石出，不仅知其然，还要知其所以然。任何学习问题的深处，都是思维方式和思维水平的问题。虽然小学考试考不出来，然而孩子一旦养成认真思考的好习惯，初、高中就会受益无穷。在写正确答案时，不要照抄作业本上改对的答案，正确的方法是按老师讲解的思路，独立地、一步一步规范地把题重新做一遍。

四、有效使用错题本

有些家长可能会有这样的困惑："我家孩子有错题本，可效果并不明显啊？"没效果说明方法不对。那么，怎样才能有效地使用错题本呢？

（一）定期翻阅

真正好的错题本，就是一本体现自己知识漏洞的题典，要经常在空闲时间和考试之前认真翻阅。

翻阅纠错本时，不能浅尝辄止，要让孩子以现有的知识、能力，来重新审视它、掌握它、运用它，在今后遇到同类习题时，会立刻回想起曾犯过的错误，从而避免再犯。孩子翻阅错题本的过程，就是加深理解解题思路的过程，也是对题目从陌生到熟悉的认知过程。

（二）巧用目录

因为错题本上的内容多而杂，为了方便查找，可以把本子第一页空出来，设计成目录；隔一段时间把题目按照错误类型、知识点进行归类，写在目录上，标清楚页码，这样查找起来就会很方便。

（三）设计错题试卷

到期末复习时，家长可以帮助孩子把之前的错题汇总成一张试卷，让孩子在规定的时间内高质量完成。这样的复习，非常有针对性，因而效果更明显。

五、各学科纠错侧重点

错题本能够有效帮助孩子提高学习效率、改进学习方法，在很多学科上都有积极的作用。那么在具体学科中该如何运用呢？

（一）语文学科

语文的错题大多在错题的旁边改正即可。字词错误，一般要求写三至五遍，不宜过多，多了会变成应付，太少了又不能巩固记忆。另外，建议用不同颜色的笔改错，这样可以方便日后整理、复习。

作为家长，一定要在孩子完成作业之后，鼓励和督促其整理错题，及时对当天所学知识复习巩固。为了激发孩子学习的积极性，家长还可以采取一定的奖励措施，使孩子通过纠错逐步提升自己的语文学习能力。

（二）数学学科

一般情况下，数学练习册改错应该选择在旁边空白处，标清题号，重新解答，在改正判断题或填空题的时候还可以写出分析的过程，彻底弄清错误原因。

数学课堂作业本的改错，要求是在本次作业后、下次作业前，将正确的答案按规范的格式重新写在本子上。对于典型的题目，要摘录到错题本上。

整理数学错题时，孩子的大脑会再一次思考，从而厘清解题思路。因此，当孩子学习完一个单元或一个模块后，应当将错题全面分类。首先，按照知识板块分类，使知识点变得系统。其次，按照题型分类，强化对解题规律的认知，化繁为简，集中学习目标。最后，按照出错原因分类，可以举一反三，达到事半功倍的效果。

对错题进行分类整理，有助于孩子系统地掌握教材内容，对数学知识有一个宏观的认识，从而提高学习效率。

（三）英语学科

英语的知识点较为零碎烦琐，包括单词的组成、运用及语法和时态等。常见的纠错要求，就是在原题处直接改错，鼓励在旁边分析出错题原因，可以举一反三地记录一些语法知识，复习时一目了然。

好的"错题本"就是孩子个人知识漏洞的题典，能帮助孩子找到学习的薄弱点，使学习更有针对性。错题本要发挥作用需要长期的坚持和累积，坚持记录和改正错误的过程，就是积攒力量的过程，相信"厚积"才会"薄发"，"量的积累"一定会带来"质的改变"！

第19讲　你会让孩子"吃苦"吗？

●导读

为人父母，都希望为孩子遮风挡雨，扫清孩子前进路上一切障碍，给孩子一个平安喜乐的人生。然而命运无常，世事百态，父母无法做孩子一世的拐杖。让孩子适当吃苦，不断历练，具有抵挡风雨的力量，有智慧有能力过好自己的生活，才是为人父母最明智的选择。

●目标

一方面让家长明白现代社会依然需要吃苦精神，另一方面让孩子主动面对困难，让孩子从"吃苦"中得到战胜困难的勇气和经验。

以前吃苦是迫不得已，现在生活条件越来越优渥，理应让孩子享受幸福安逸的生活，为什么又重提"吃苦"呢？我们这一代的艰苦奋斗不就是为了让下一代少吃苦吗？关于"吃苦"这一话题，很多家长有这样的疑问。下面我们就来讲讲"吃苦"这个话题。

一、为什么又重提"吃苦"

（一）不当的家庭教育观念让"小懒虫"越来越多

在学校，一到做值日或大扫除时，常有些孩子还没干点儿活就叫苦叫累，能逃则逃；体育课上跑两圈、学习任务稍微重点儿就叫苦连天。

为什么会这样？观察发现，家长们的过分溺爱导致孩子惰性越来越强，成为四体不勤、五谷不分的"小懒虫"。

（二）现代社会依然需要吃苦精神

在儿童和青少年时期，父母应有意识地对孩子开展吃苦教育，这是非常重要的，所有吃过的苦都会铸就坚韧不拔的精神、坚持到底的毅力，这是任何时代都需要的精神。

二、哪些苦值得孩子吃

"吃苦教育"并不是人为地给孩子制造磨难，而是让孩子在真实的体验中感受到艰难。那么在孩子成长的过程中，哪些苦是应该让孩子主动去面对、去感受的呢？

（一）生活之苦

1.培养节俭意识

我们所说的生活上的苦并不是让孩子吃糠咽菜，而是让孩子从小树立正确的价值观、幸福观。一个不懂得节俭的孩子，往往会不思进取，学习动力不足，缺乏斗志和拼搏精神。

2.培养劳动意识

劳动是孩子成长的必要途径，具有树德、增智、强体、育美的综合育人价值。从小树立劳动观念，养成劳动习惯，将影响孩子一生的成长。孩子参加劳动能够培养自身的社会责任感、创新精神和实践能力。家长需要引导孩子树立劳动最光荣、劳动最崇高、劳动最伟大、劳动最美丽的观念；创造孩子体会劳动创造美好生活、劳动不分贵贱的机会；培养孩子成为具备勤俭、奋斗、创新、奉献等优秀品质的人。

3.培养独立意识

在孩子成长过程中，不是所有的问题和状况都在家长的掌控范围内。培养孩子独立思考的能力，可以帮助孩子建立自信，遇到问题或者困难时，可以保持冷静，不慌乱，从而掌握解决问题的办法。

（二）学习之苦

学习的苦，苦于枯燥、苦于脑力、苦于勤奋，具有相对性。这种苦其实不是苦，它是充实自身，培养能力，积蓄力量的过程。

正确面对学习中的苦，以乐观的态度对待学习的苦，才能品尝到学习的快乐。

（三）运动之苦

体育锻炼可以帮助孩子养成坚韧不拔、乐观向上的品质。一次次磨炼，一滴滴汗水，让孩子获得战胜自己的经验，获得挑战自己的勇气，一天天蜕变，一天天强大。研究表明，参加运动还能促进大脑发育，使孩子更聪明，尤其是室外运动，对孩子心理、身体、人际交往等都大有好处。

（四）挫折之苦

相对于生活之苦和学习之苦，在竞争激烈的当今社会，孩子更应该学会承受挫折之苦。

人生中不可避免挫折，而战胜挫折得到成长是自身进步的阶梯。遇到挫折时勇敢面对，以坚强的毅力去努力克服困难，这样才会无坚不摧，才能向着理想的目标前进。

三、怎样培养孩子的吃苦意识

孩子终将长大，终将脱离父母的呵护，终要独自面对社会，这就需要家长从小处着眼、从点滴做起，有意识地培养孩子的吃苦精神。

（一）父母主动与孩子一起吃苦

不愿意吃苦的父母，是不可能培养出一个能吃苦的孩子的。如果家长每天刷着手机赖在床上，吃饭叫外卖，有事靠老人，怎么可能带出愿意主动磨炼自己的孩子？父母应该与孩子一起"吃苦"，这样既可以增加与孩子沟通的机会，又能让孩子得到锻炼。

（二）一点一滴的积累，不妥协退让

吃苦精神在于日常生活中一点一滴的积累，源于一件件没有妥协退让的小事情。比如当孩子在寒冷的冬天不愿起床上学的时候让他按时起床；当孩子跳舞跳到筋疲力尽时让她坚持到底；当孩子正在做作业，被娱乐节目吸引时，让他不要心猿意马，一鼓作气完成作业。

这些时候，父母应该要求孩子坚持做完手中的事情，鼓励孩子勇敢与困难做斗争。

（三）点拨让"吃苦"更有价值

经历苦难后的感悟和思考让苦难更有意义，也对孩子的成长更有意义。让孩子"吃苦"并不是目的，而让孩子在"吃苦"的过程中得到战胜困难的勇气和经验，找到克服困难的方法，这才是关键。具体怎么做呢？

1.悟体验

建议从孩子三四岁开始，爸爸每周带着孩子晨跑几次。从一两百米到上千米，跑着跑着孩子很快会觉得"再也跑不动了"。这时，一定要鼓励孩子坚持下去，因为只要坚持下去，度过了这个"疲劳期"，孩子就会感觉又可以跑了。而在这个过程中，孩子会体会到坚持的力量，获得战胜困难的勇气和经验。

2.教方法

做家务其实算不上是吃苦，不过孩子做家务的时候，常因不会做而"搞砸"，所以会感受到"失败"的痛苦。这个时候，家长的反应就很重要。在孩子"搞砸"的时候，引导孩子关注解决问题的方法——一起把残局收拾干净，而不是抱怨孩子的"无能"；给孩子练习的空间，而不是让孩子"靠边站"。这样孩子才不会觉得干家务活又累又枯燥。

3.赞进步

让孩子吃苦并不是目的，不能光想着苦，让孩子感受到进步之甜，孩

子才会觉得吃苦有价值。

多鼓励孩子跟自己比，肯定孩子的一点点进步，比如说"多背一篇课文""比上次写得更好"就及时给予喝彩。当孩子常常感受到成功的喜悦，会变得更加自信，相信自己可以战胜困难和挫折。

爱孩子并不仅仅是为他挡住所有的风雨。只有经历过风雨，才会见到彩虹。所以，别舍不得让孩子吃苦，那是孩子成长的必经之路。别总是替孩子吃苦，别总怕孩子吃苦，不把苦当苦，体会苦中的乐，用智慧和幽默去对待生活中的委屈和挫折之 "苦"，这样，我们和孩子的生活都会更快乐，更幸福！

第20讲　如何引导孩子正确交友

●导读

　　朋友对孩子很重要，"近朱者赤，近墨者黑"，朋友在某种程度上会影响一个人。孔子曾说"益者三友，损者三友"，意思是与正直的人交朋友，与诚信的人交朋友，与知识广博的人交朋友，是有益的；与谄媚逢迎的人交朋友，与表面奉承而背后诽谤的人交朋友，与善于花言巧语的人交朋友，是有害的。

　　益友帮助孩子健康快乐成长，而损友只会成为孩子成长路上的绊脚石。

　　那么，家长在孩子的交友之路上该如何助孩子一臂之力呢？本文将从"如何帮助孩子交朋友""正确处理孩子间的冲突""如何避免孩子交到不良朋友"三个方面来给家长支招。

●目标

　　一方面，教家长如何帮助孩子交朋友；另一方面，教家长如何避免孩子交到不良朋友，让真正的朋友陪伴孩子健康快乐成长。

　　人人都需要朋友，没有人际交往的人生是孤独的、苍白的，朋友关系对孩子的情绪和成长影响很大，但孩子在交友过程中也容易出现不少问题。如何引导孩子正确交友呢？这一讲将从"如何帮助孩子交朋友""正确处理孩子间的冲突""如何避免孩子交到不良朋友"三个方面来支招。

一、如何帮助孩子交朋友

（一）为孩子交友创造条件

三岁以后，孩子就会产生社会交往的欲望，家长要为孩子创设与同伴交往的条件。比如，邀请孩子的同学和朋友来家里做客，同学过生日送个贺卡、小礼品等，闲暇时多带孩子到公园、小区或亲戚朋友家去玩。总之，家长只要有心，可以创造很多机会帮助孩子交朋友。

（二）帮助孩子克服害羞心理

五六年级的孩子即将进入青春期，很容易出现害羞心理，性格上会变得内向而敏感，遇到人总是紧张、脸红，尤其是女孩在这方面表现得更明显。这种害羞来源于心理变化和身体发育等，是一种正常现象。家长切记不可在人前强迫孩子，更不可给孩子贴上"内向""害羞""胆小"的标签，要注意耐心引导，充分尊重并鼓励孩子。

女儿小的时候活泼可爱，见到邻居总是主动问好，很是讨人喜欢。可是后来到了五六年级时，慢慢变得有些害羞，也不大爱打招呼了。有一次下楼时碰到一位时常见面的阿姨，女儿没打招呼而是往我身后躲，那位阿姨不禁感慨地说："小姑娘都长这么高了，但是怎么不大爱说话了！"女儿顿时觉得有些不好意思。阿姨走后我就适时抓住机会说："你看你以前见到叔叔阿姨主动问好，大家都很喜欢，现在不打招呼了，大家都有些不习惯呢！好习惯还是要继续保持，下次我们一起跟阿姨打招呼吧。"听了我的话，女儿赞同地点了点头。等到再次遇见那位阿姨时她便主动说："阿姨好！"阿姨高兴地说："你好！小姑娘还是那么有礼貌！"女儿得到夸奖心里也乐开了花。从那以后，我总是适时地对她进行引导，经常带着她去人多的地方，当着孩子的面，大大方方跟别人打招呼和聊天，慢慢地她又变得像以前那样大方有礼貌了！

所以，只要耐心引导，给孩子时间和空间，帮助孩子建立起自信，孩子是能够慢慢克服害羞心理的。

（三）多角度看待孩子的朋友

家长要多角度看待孩子的朋友，及时发现其他孩子身上的闪光点，客观看待他们的缺点，帮助孩子分析朋友的哪些行为和习惯是值得学习的，哪些行为和习惯是要远离的。这也是孩子交友的一个作用——以人为鉴，促进成长。

朋友的儿子浩浩今年读五年级，学习成绩还不错。浩浩生日时邀请了同班一个男生来参加自己的生日聚会。朋友郑重其事地同那个男生握了握手，但得知那个男生学习成绩不是很好，有点沮丧。

两个小伙伴玩得很尽兴，在互动的过程中，朋友发现那个男生非常有条理，总是把用完的东西放回到原处。她马上意识到，这不正是儿子所欠缺的吗？浩浩总爱将自己的东西乱扔一气，结果到用的时候却找不着。于是，她勉励儿子学习同学的好习惯，鼓励儿子主动在学习上帮助他，两个好朋友互相"取长补短"，共同进步，这才是友谊的最好状态。

二、正确处理孩子间的冲突

孩子之间有冲突是不可避免的。正常的情况下，五六年级的孩子与同伴间的小矛盾自己就能化解了。但有时还是会有一些问题处理不了闹到老师那里，不少家长接到过老师的电话，要求协助解决孩子间的矛盾。遇到这种情况，作为家长应该怎样正确处理呢？

（一）正确认识孩子间的"矛盾"

孩子之间发生争吵，产生矛盾与冲突，再正常不过了，只要矛盾没有引起伤害，不存在暴力和欺凌的因素，家长不需要过多干涉。有必要的话，坐下来与孩子一起对矛盾冲突过程进行分析和反思，对孩子来说也是一次很好的学习和成长。

（二）处理孩子"矛盾"的具体建议

家长在处理孩子间的矛盾冲突时要积极而冷静，因为你的处理方式，会影响孩子未来处理矛盾冲突的方式。

1.稳定情绪，弄清楚事情的经过

孩子们在一起玩，发生点小矛盾很正常，家长不必把这看成是大问题，也不必急于出面干涉。如果只是发生了口角，可以冷处理，让孩子们自己解决；如果是孩子打人或被打，不严重的情况下，可与对方家长协商，共同教育孩子。如果发生了严重的纠纷，比如其中有孩子受伤了，无论是对方还是自己的孩子，都要先主动处理伤情，这是第一原则；之后，再了解事情的经过，和孩子认真交谈，帮他分析其中的原因，明确是他的责任还是别人的责任，如果是孩子的责任一定要积极承担。家长要让孩子明白，凡事要讲道理，不能任性胡来。

家长需要知道，孩子在说事情经过时，一般会下意识地趋利避害，自我保护，只说对方的不是。因此不能只听孩子的一面之词，要鼓励孩子讲真话，在孩子讲述的过程中，家长也不要问"是谁先动手打人的？""你动手了吗？"等这样诱导性的问题，以免误导孩子说出和事实不符的话。

2.无论谁是谁非，以宽容引导为主

如果是自己孩子的责任，不能偏袒，更不能粗暴打骂，要通过教育和引导，让孩子认识到自己的错误，主动承担责任，向被伤害的朋友道歉。同时，也要告诉孩子，人都是在错误中成长的，犯错是学习的机会，犯了错只要勇于承担责任，知错能改，还是好孩子。

如果是自己的孩子受了委屈，也不要得理不饶人，家长应该教育孩子学会宽容，不必斤斤计较。同时肯定孩子在冲突中做得对的地方。家长的肯定，可以让孩子丢掉委屈情绪，产生自豪感。

三、如何避免孩子交到不良朋友

五六年级的孩子社会意识逐渐增强，渴望融入团体，希望在同伴交往中实现自己的价值，但如果交友不慎很容易误入歧途。

（一）孩子交友不慎的家庭原因

孩子如果交到不良朋友，一个非常重要的原因就是父母教育方式不当，导致孩子的正当需要得不到满足。也就是说，在交友不慎的问题上深入挖掘，总是能在家庭教育中找到原因。

第一是没有满足孩子被尊重的需要。很多家长常常忽视孩子的感受，对孩子不够尊重，命令多要求多，理解和平等对待少，长此以往，孩子的需要得不到满足，潜意识里就会缺乏归属感，进而产生叛逆心理。而同伴小群体之间则可以互相理解、畅所欲言，孩子更容易从那里获得归属感和被尊重的感觉。

第二是对孩子管理过于严格，期望过高。很多孩子在家里没有自由，每天的时间被安排得满满当当。放学回家，有无休止的作业等着自己。到了周末和假期，又要上各种辅导班。家长对孩子抱着过高的期望，在这种高压的环境下，孩子压力很大。

第三是孩子没有足够的安全感。家庭内部关系不和谐，比如夫妻感情不和，经常吵架、冷战；或者有的孩子父母离异；也有的孩子从小跟祖辈一起生活，长大后才来到父母的身边，跟父母之间有隔阂。这样的孩子难以从家庭中获得温暖，缺乏安全感，他们就会从其他地方寻求情感上的支持，而不良朋友群体刚好能够满足孩子的这个需要。

（二）避免孩子交到不良朋友的建议

1.营造温馨宽松的家庭氛围

很多家长经常以自己的标准来衡量孩子，把自己的要求强加给孩子，孩子会觉得无所适从，无法从家庭中感受到温暖和爱，会让孩子想逃离家庭，寻找小团体。所以家长应尽力给孩子营造一种温馨宽松的家庭氛围。多抽时间陪陪孩子，听听孩子的想法，关注孩子的心理需求；平时多肯定孩子的优点和进步之处；组织丰富多样的家庭活动。

良好的家庭氛围，能让孩子感到自己是被接纳、被理解、被尊重和被关注的，从而提升孩子的幸福感、安全感和归属感。

2.帮助孩子把好交友关

家长要为孩子交友给予正面引导，对于孩子的朋友，家长尽量做到客观全面地分析，要以品德，而不是以家庭地位和成绩来衡量这个朋友是否可交。如果孩子的朋友确实存在道德品质上的问题，家长应该站在孩子的立场去分析，告诉孩子不赞成他交这类朋友的原因，讲清危害和可能导致的后果，提高孩子的认知能力，同时家长还要向孩子明确交友的原则和底线，比如说和朋友在一起什么事情可以做，什么事情最好不做，什么事情坚决不能做……

如果孩子已经结交了不良朋友，家长切勿急躁，更不要急着去干涉，暴力和极端的做法不仅无法解决问题，反而会起到反作用。一定要沉住气，本着尊重孩子，尊重孩子朋友的原则，可以先多方面地了解对方，清楚双方成为朋友的原因，找出问题的根本，再跟孩子好好沟通。必要的话可请求老师的协助，帮助孩子走出困境。

家长朋友们，交友是孩子融入社会的第一步，良好的人际关系也是一个人心理健康的重要标志。家长们要有意识地引导孩子正确交友，同时在交友中去学会沟通、学会宽容、学会坦诚、收获乐观……衷心希望每个孩子都拥有真正的友谊！

第21讲　你会这样陪伴青春期的孩子吗？

●导读

进入六年级，不少家长惊奇地发现：女孩子的个头突然像雨后春笋般疯长，原本光洁的小脸，突然长出了一粒粒红红的小痘痘；原来爱说爱笑的小女孩，突然间不大爱说话了，开始在意穿衣打扮了；男孩子有的嘴边已冒出许多细细的小胡须；小男孩也在出门前经常对着镜子把头发梳个半天……其实，这些都是孩子进入青春期的信号。

青春期是每个人成长的必经之路，只要不断调整方法，父母和孩子将平稳愉快地度过这段快速成长的时光。

●目标

一是帮家长了解孩子青春期生理、心理的常见变化；二是与家长分享跟青春期孩子沟通的事例和方法。

青春期是人生最宝贵的年华，是由儿童向成人过渡的关键时期，也是孩子身心快速发育的重要时期。处于这一时期的青少年们，如同初夏蓬勃生长的作物，充满生机与活力；同时，由于心理的发展速度跟不上身体的快速发育，青春期也相对"动荡与不安"。

一、关注孩子青春期的生理变化

作为父母，有时我们会惊奇地发现：孩子的个头有一阵突然像雨后春笋般疯长；昨天还是个豁牙的小朋友，一转眼嘴边已冒出许多细细的小胡须；原本光洁的小脸，突然长出了一粒粒红红的小痘痘；原来爱说爱笑的小女孩，突然间不大爱说话了；小男孩也在出门前经常对着镜子把头发梳个半天。其实，这些都是孩子进入青春期的信号。

六年级的小学生正处于青春期的萌芽状态，通常是个别孩子提前进入青春期。面对这突如其来的青春期现象，不少孩子会惊慌失措，甚至会为自己的"另类"感到自卑，生怕别人发现他们的"小秘密"。因此，家长要足够的细心和敏锐，第一时间发现孩子的变化，并精心地呵护，正确地引导，让他们不再羞怯、恐惧。

一般女孩子青春期会比男孩子来得早一些。身体发育会有信号，例如长青春痘、快速长高、乳房开始发育等，这时父母可以找个合适的时机和她们谈一谈，告诉她们，爸爸妈妈看到了她们的变化，祝贺她们进入了青春期。青春期会有一位特殊的亲戚来拜访，那就是月经。来了月经，表示女孩子身体健康，正在长大成熟，有了做母亲的权利。如果哪一天发现孩子内裤上有血迹，应该就是来了月经，让孩子不要害怕，赶紧告诉妈妈，妈妈会告诉她该怎么办，该注意些什么。

女孩子像花一样娇美，但也像花一样容易受到伤害，现在社会情况比较复杂，家长要告诉孩子学会保护自己，凡是被小背心和内裤覆盖的地方不允许任何人触碰。家长还可以和孩子一起读《给女儿的信》，作者高远的境界和深切的叮咛祝福，会让女孩子更自尊自信。

家长如果发现家里的男孩身高、体重快速增长，开始长痘痘、小胡子，同样需要告诉他们："孩子，祝贺你长大了！你正在经历成长过程中一个重要时期——青春期，这个时期你的身体在不知不觉中发生着变化，比如长痘痘，这是因为油脂分泌比较旺盛，阻塞了毛孔，产生了炎症。不久你还会变声，由稚嫩的童声变成浑厚的、有磁性的男子汉声音，要爱护嗓子，不要过度用嗓。"

家长也要有思想准备，青春期的教育不是一次两次谈话就能完成的。它的不确定性和不稳定性决定了家长必须花更多时间和更多精力去关注和指导。家长可以选择适合的时机自然大方地给孩子讲解生理结构、青春期的变化及如何保护其健康，消除恐惧感和神秘感，也可以送孩子有关青春期的书籍，还可以在书里夹一封你想对孩子说的心里话的信，让孩子感受到家长对自己的关心与爱，坦然面对自己身心的一系列变化。

二、正确面对孩子青春期的心理变化

家长发现青春期年龄段的孩子不服管，不爱和大人们一块儿出去，总喜欢一个人宅在家里，门上经常会高挂"闲人免进"的牌子，还变得特别爱臭美，对异性有一些懵懵懂懂的爱慕，对家长的说教尤其反感，严重的甚至和家长对着干……怎么面对孩子青春期的心理变化？以下几点建议可以参考。

（一）调整心态，改变策略

如上所述都是青春期孩子的正常表现，家长们不必大惊小怪，这些问题只要不过分就装着没看见，学会接受。

面对青春期叛逆的孩子，家长要做的就是先调整情绪，宽容接纳孩子的行为，再耐心倾听，帮助他们寻求解决问题的方法。一个孩子在情绪激动的时候，讲道理对他是没有用的，粗暴的指责更是会火上浇油，不仅于事无补，还会导致亲子关系恶劣。如果家长能够接受孩子的情绪，并想办法去疏导，孩子就会觉得自己被家长理解和接纳，亲子关系便会更加和谐融洽。关系好了，再来解决问题或者纠正孩子的行为，就会容易得多，这时候所谓的"听话"也就不是难事了。

（二）为孩子提供解决问题的办法

家长要想与孩子进行良好的沟通，和谐的亲子关系是前提。关系和谐，孩子有话才对家长说，家长才有机会教育；家长的话孩子才能听得进去，家长的教育才有用。遇到问题，不少家长习惯性地讲道理，但其实很多时候，孩子明白道理，只是不知道如何做。这时候，孩子需要心理上的支持，给一个肩膀让孩子依靠，给一双耳朵听孩子倾诉。孩子的情绪平复下来了，问题就解决了一半。如果家长能跟孩子一起想办法，那将是对孩子莫大的帮助。

（三）关注孩子的精神需求

在与孩子相处中，家长发现孩子变得不爱交流。要是家长稍微说多了，孩子便会一声不吭地回自己房间把门反锁起来。与此同时，有不少青春期的孩子觉得自己很孤独，没人听他诉说心里话，非常渴望与他人进行一些深层次的交流。

为什么会这样呢？家长要意识到孩子青春期孤独是青春期的心理特点，孩子既想拥抱这个世界，又不知道怎样拥抱这个世界。封闭与开放的矛盾心理在青春期特别显著，持续的时间也长，家长要及早预防，不要等到孩子出现问题了，再去改善，那时由于孩子对家长的依恋减少，问题更难解决。尤其是当发现孩子喜欢独自宅在家中，不愿意主动交流，沉迷于网络，只愿意在网上进行交流的现象时，家长要主动帮助孩子化解内心的抑郁，引导孩子走出自己的世界。

1.多与孩子进行精神层面的交流

要走入孩子的内心，交流非常重要，家长首先需要思考的是自己与孩子的交流停留在哪个层次。这些层次可以用一组同心圆来体现，同心圆中最核心内圈是关注孩子的生活，满足孩子的物质需求；第二圈是关注孩子的学习，满足孩子的自我期待；外圈是关注孩子的精神需求，与孩子共同成长。

在孩子小的时候，亲子交流停留在内圈，家长关心孩子的生活，做好孩子的后勤保障工作，满足孩子的一些物质需求，这是必须的，也是非常重要的。但是随着孩子逐渐长大，他们的思维愈发成熟，家长仅仅关注孩子的生活和物质需求是不够的，还要关注孩子的精神需求。

在现实生活中，很多家长往往只关注孩子的学习。当孩子在学习方面出现问题的时候才会与孩子进行一些交流。孩子的精神需求极少引起家长的关注，这一点家长必须进行改变，我们要主动关注孩子的精神世界，如孩子最感兴趣的话题是什么，孩子最喜欢的运动项目是什么……

2.交流过程中，情绪健康稳定

家长与孩子交流的时候，一定要拥有稳定的情绪和健康的人格，这是孩子是否愿意和你交流的关键。

第一，做不抱怨的家长，感恩比抱怨更重要。社会有许多灰暗面，每个人都会有不如意的时候。如果你是一个爱抱怨的家长，传递给孩子的，就是世界与自身对立的观念。一个在到处充斥着负能量的环境中长大的孩子，他的人生观和世界观势必受到影响。为了避免影响，家长在孩子面前应该用一种感恩的心态、感恩的情怀去看待世界上的很多事情。当孩子用美好的眼光、美好的心态去看待世界的时候，他对这个社会就不会排斥了，同时孩子也会更愿意去拥抱这个世界，拥抱他人。

第二，做不指责的家长，激励远远比指责更重要。有些家长为了鞭策孩子，往往用比较严厉、比较损害自尊的语言去打击孩子。家长的本意是好的，只是想鞭策孩子，但令家长意想不到的是，这种损害自尊的行为反而让孩子觉得家长不理解、不认可自己。孩子会认为自己没有什么可以跟家长沟通的，反正说出来的任何话，只会换来家长的指责。所以在很多时候，指责不会起到很好的效果，只有激励这样的正面强化，才能让孩子感受到自己的行为有好的一面，自己的思想有正确的一面，才能让孩子更愿意与家长坦诚地交流。

第三，做不唠叨的家长。有关青少年问题的研究显示，在孩子最不喜欢家长的行为中，排在第一位的就是唠叨。身教重于言教，如果家长想让孩子好好学习，自己就得放下手机，在旁边看书或学习，用良好的氛围去影响孩子，这种润物细无声的影响比唠叨的效果更好。

第四，做不焦虑的家长。家长的情绪能够直接影响孩子的情绪。当面临问题的时候，家长要能够表现出稳定的情绪，让孩子感受到父母永远站在他身边，父母永远帮助他、支持他。哪怕情绪受到外界的一些干扰，孩子还是能够回到家中，在父母稳定的情绪和温暖的怀抱中产生强烈的安全感，此时孩子更愿意与家长做深层次的交流。

三、与孩子共成长

陪伴重于要求。与孩子共成长是青春期孩子最希望家长做到的。

这个时代的孩子所获得的信息量之大，是家长难以想象的。家长不学习就会落伍，这样的家长在孩子心目中就会逐渐失去威信，孩子会感觉家长的话不值得去听。所以，想要成为优秀的家长，就必须与孩子一起成长，让自己跟上时代的步伐。

四、尊重，但不放任

尊重，但不放任，是指家长不要过多地否定孩子的思想，要与孩子平等交流。不是孩子出现了一些自己的想法，就马上去否定孩子，而是在孩子出现各种想法的时候，能够与孩子产生一些思想火花的碰撞。尊重并不是事事听孩子的，而是在与孩子平等交流的基础上，能与孩子敞开心扉的对话。

青春期的到来确实会给孩子带来压力，而且这种压力会让亲子关系有矛盾的家庭雪上加霜。曾经有人打过这样的比方，青春期孩子的内心就像"刚搬家的屋子"，屋里各种东西乱七八糟，还没理顺头绪，这时如果你非要去做客，还要让人家有礼貌地接待你，就显得不合时宜了。当青春期来临，做家长的要耐下心来，"帮孩子把家里的东西理顺"。如果孩子发现家长的方法确实更好，孩子一定会佩服家长，乐于请教家长；如果家长帮孩子"整理搬家物品"时，还能幽默地开点玩笑，那家长的魅力指数一定会飙升，那样的话，青春期问题将不再是问题。

第22讲　你会培养孩子的领导力吗？

●导读

在学校里，有的孩子不仅能很好地管理自己，还能带领大家做一些个人无法完成的事情。

在单位里，有些人虽然不担任领导职务，却能以正能量影响周围的人。

在家庭中，有的人特别擅长协调家庭成员之间的关系，营造出和谐幸福的家庭氛围。

上面所说的这些能力就是领导力，也是一种影响力，是一种协调和合作的能力，这是未来社会公民的重要素质之一。随着年龄增长，不少六年级的家长希望能培养孩子的领导力和协作力，为孩子未来做准备。

●目标

一是正确认识领导力的内涵和作用，二是了解如何培养孩子的领导力。

俗话说"千军易得，一将难求"，有远见的家长，应该培养孩子的领导力，领导力不仅是一种能力，更是一种气质。

一、领导力及其重要性

领导力，根本上是一种影响力，一种协调和合作能力，能帮助人们团结在一起完成个人所无法完成的事情。就像在单位里，虽然有些人不担任领导职务，却能以正能量影响周围的人。人们不仅在工作中需要领导力，在家庭中，协调家庭成员之间的关系，维护家庭和睦，营造和谐幸福的家庭氛围，也同样需要领导力。

二、如何培养孩子的领导力

每个孩子都需要有领导力，也都有当领导者的潜能。

（一）增强个人能力是关键

1.自信心

一个优秀的领导者，首先应该是一个自信的人。只有当孩子对自己充满信心时，他才敢于在人群中发言，才敢于提出自己的想法，才有可能获得他人的支持。

家长可以鼓励孩子尝试着去做自己没有做过的事情，帮助他们树立自信心；家长要多关注孩子的一举一动，善于从日常生活中发现孩子身上的闪光点，进行适当展示与放大，然后多表扬孩子，让孩子知道自己的成长与进步；每当孩子独立完成一件事情时，家长要及时给予鼓励，让孩子感到自己的行为得到别人的认可与赞同；对于孩子的梦想，一定要多倾听、多肯定。

有些家长担心孩子缺乏判断是非的能力，总是以高高在上的姿态，以命令式的口吻与孩子对话，其实家长可以适当听取孩子的意见，提高孩子的参与度、存在感，坚持下去孩子的自信心会不断增强。

2.表达力

拥有领导力的孩子通常是非常善于表达的，这并不是说他是一个夸夸其谈的人，而是他在与别人沟通的时候可以很清晰地表达自己的想法。

在日常生活中，家长可以让孩子在家里或班级里经常分享他喜欢的故事；逢年过节，亲朋好友间轮流表达祝福时多让孩子参与；外出购物时，鼓励孩子自己去和售货员交流，这些都能帮助孩子锻炼表达能力。家长还可以多鼓励孩子参加班级或学校的演讲比赛，这种在公开场合的演讲能力是孩子今后走向社会必须具备的。

3. 组织能力

较强的组织能力也是领导力必备的要素。如果孩子缺乏组织能力，家长可以在家庭中开展一些活动，如生日会、外出旅游等，在这些活动中多听取孩子的意见，或者让孩子参与策划，体验"组织"的过程。就拿生日聚会来说，家长可以让孩子自己决定想要邀请哪些朋友参加，自己组织策划生日宴的主题、形式和节目等。孩子为了办好自己生日聚会，会更主动地参与这件事的计划和组织，其组织协调能力也能得到很大的锻炼。

4. 自我管理能力

即使是关注孩子领导力培养的家长，也往往会把重点放在教孩子如何领导他人上，而对如何领导自己的部分关注较少。事实上，事物都是由内及外地发生变化，领导力的培养也应当是先从管理自己开始。家长从孩子很小时，就要正确地培养其自我管理的能力，用循序渐进的方式引导孩子寻找自己未来想要走的道路。

小学正是各种习惯养成的黄金时期，如何让孩子们学会自我管理呢？一是爱孩子，充分信任，因为在爱中长大的孩子目标明确，自我管理能力更强。二是少用物质奖惩孩子，应该鼓励孩子发自内心地做一些事，发挥其主观能动性。三是多让孩子做他们力所能及的事情。四是尊重孩子的选择，当孩子有独立意识的时候，不管他们选择的东西多么不好，都不要立即阻止，时间久了孩子会慢慢变得有决断力。五是要教会孩子表达情绪，情绪管理是自我管理很重要的部分，从小就要教会孩子认识自己的心情，并且要教会孩子表达出来，逐渐地孩子就能够控制自己的情绪，心态平和且乐观。六是要发挥兴趣爱好的魔力，培养一种良好的兴趣，让孩子在此过程中学会控制自己。

（二）强健的身体是基础

体力是万力之基。日常工作中，身体强壮的孩子在小学阶段往往显得更自信、更勇敢、更乐于参加集体活动。除了先天因素和饮食调养外，家长要鼓励孩子多进行体育锻炼，除了可以强化体质，还能培养规则与协作意识。许多家长担心孩子在运动中受伤，又怕耽误学习。事实上，运动会让孩子变得更健康、更有食欲、心情更好，同时也能学习更好。

（三）在奉献中体会快乐

孩子在班里担任班干部，需要具备乐于奉献、乐于吃苦、乐于牺牲的精神，要有承受委屈、接受埋怨的心理品质。当孩子因为班级工作受委屈时，家长和老师要正确引导，让孩子看到虽然自己受了委屈，但是事情做好了，受一点委屈是值得的。这样孩子长大后就不会斤斤计较，会有包容别人的度量，为全局着想的气度。这样的人无论担不担任领导职务，都会是一个受尊重的、有影响力的人。

（四）培养强烈的责任感

责任感，是培养领导力必不可少的。孩子只有具有很强的责任心，勇于承担后果，才可能成为一名合格的领导者。

关于责任感的培养，我们可以从一些小事做起，比如周末或者假期让孩子来做一日家长，让他来分配每个人的家务活；过年，让孩子参与到日常家务中，把春节前要做的事情都给孩子讲讲，告诉孩子需要他的帮助，鼓励孩子逐步完成。家长们需要注意的是，在这个过程中要让孩子做到有始有终。

如果孩子犯了错或闯了祸，家长不要急于为他遮风挡雨，一定要先让孩子尝试自己解决，这样孩子才有可能成为一个敢于承担责任的人。

（五）积极承担班级事务

很多家长认为，作为学生搞好学习就行了，因此让孩子放弃担任班干部或活动组织者的机会。有些家长看到孩子做值日，就代替孩子劳动甚至教孩子偷懒。其实，参与班级事务不仅有利于培养孩子的责任感，还会让孩子有归属感和价值感，一般而言，教师倾向于让每个孩子都承担一些班级事务，给每个孩子为班级做贡献的机会，孩子由此会感觉到被人需要的快乐，并且产生社会责任感。

在班级里，老师一般会挑选一些学习成绩稳定、热心班级事务、愿意为大家服务的孩子来担任班干部。如果孩子拥有较强的能力，又有担任班干部的愿望时，家长应当支持孩子。在孩子当班干部的过程中家长应多问问孩子："班里有什么事情？你是怎么做的？为什么这样做？效果怎样？还可以怎样做？"多做这样的交流，相信孩子的领导力，会在实际体验和总结反思中飞速提升。

三、男孩女孩各有侧重

我们培养有领导力的孩子，不是为了让孩子变成学校里的风云人物，而是通过培养孩子的领导力来塑造孩子的独立人格，提高他们的自信心和沟通能力，使孩子长大后在职场上、在家庭中会更顺利、更幸福。

对小学阶段的男孩和女孩来说，应该注重培养哪些素质和特性，有以下建议可供参考。

（一）怎样培养受欢迎的男孩

培养受欢迎的男孩，小学阶段要强调两点：一是鼓励男孩参加团体体育活动，二是培养男孩的幽默感。

1.团体体育：男孩力量和纪律的锻炼

参加团体体育能锻炼孩子的合作能力、抗挫力、沟通能力等。团体体育运动能教会男孩正确看待输赢，让男孩学会在挫折中成长，在竞争中合作，这为他们在未来获得成功提供了宝贵的锻炼机会。

2.学会自嘲：男孩幽默感养成术

受欢迎男孩的一个重要特质是有幽默感。

生活中，有幽默感的人一般比较有亲和力，能让人感到放松、快乐；

他们面对困难也更加乐观，能在遇到挫折时积极面对。

（二）怎样培养受欢迎的女孩

培养受欢迎的女孩，小学阶段要强调两点：一是敢于在公开场合展现自己，二是私下里不随便说别人的坏话。

家长朋友们，领导力既不是与生俱来的，也不是一学就会的，而是在不断地锻炼中培养出来的。我们并不是一定要把孩子培养成一个领导者，但是孩子如果具备了这样的能力，一定会让他今后的人生更加顺畅和丰富多彩！

第23讲　鼓励孩子树立远大志向

小学家校共育24讲

●导读

12岁之前，孩子们的成长处于懵懂期，需要家长"牵着走"，但进入青春期后，孩子自我意识觉醒，这时候"牵着走"的老办法就不好用了。于是常常出现孩子不想学，靠家长"推着走"，一步不推孩子就不走的现象，老师着急，家长更是累得心力交瘁。这时候家长必须意识到需要调整方法了。怎么做呢？必须给孩子内心装上"发动机"——志向。

这一讲我们将探讨如何鼓励孩子树立远大志向。这样一来，家长只需发动引擎，孩子就能循着梦想到达自己的人生目的地！

●目标

一是认识到志向在孩子成长过程中的重要作用；二是意识到孩子进入青春期，必须用"志向"来引领他的成长；三是了解树立志向的技巧和方法。

一、树立志向的重要性

教育中存在一个现象：智商、接受能力差不多的一群孩子，有的主动积极，能够自觉自发地投入到学习中去；有的却盲目懒散，需要不停地督促，像一台没有动力的机器，即使家长一再告诉他"学习是你自己的事情"，他却觉得跟自己关系不大。这两类孩子，他们之间关键的区别就在于是否有自主发展的动力。

（一）有志向就像给内心装上发动机

有人会说那些孩子还没开悟，等他开悟就好了！他们口中的"开悟"和"没开悟"指的是"有志向"和"没志向"，或者说是"有理想"和"没理想"。

"有志者，事竟成"说的正是这个道理。诸葛亮曾训诫儿子"非学无以广才，非志无以成学"，认为不学习就不能增长才干见识，而不立志就不能学有所成。王阳明也说"志不立，天下无可成之事"，认为一个人如果没有志向，就好像船没有舵，只能随波逐流，人生就会如一盘散沙一事无成。就算是劳力不劳心的工匠，其技能的练成也要以立志为根本，更别说宏大的事业。推而广之，一个人不论想做什么、想做成什么、想成为什么样的人、想得到什么东西，立志都是第一步，是基础和关键。

（二）青少年时期是树立志向的最佳时期

孩子树立志向的最佳时期一般认为是在小学六年级。在这之前，孩子们的成长还处于懵懂期，而这时期，一要打好身体和思想的底子，二要培养习惯。这个时期，孩子对家长和老师的依恋使我们能牵着他们走。但进入青春期，孩子自我意识觉醒，这时候"牵着走"的老办法就不好用了，于是常常出现孩子不想学，而要靠家长"推着走"，一步不推孩子就不走的现象。

这个时期家长必须意识到需要调整方法了。这就像放牛时牛不走，我们不能推着牛走，而应该用一把青草挂在牛前面引着走，最好是让这头牛心里有片草原，不用引它自己就会朝草原走。如果教育和引导能达到这种效果，做家长的别提有多高兴了。怎么做到呢？必须给孩子内心装上志向的"发动机"。

同时，这个年龄的孩子开始对高远的、美好的、高尚的事情感兴趣，有了渴望自己与众不同的想法，这本身也是一个极好的引导时机。

二、如何树立志向

让孩子树立远大志向，并且让他心甘情愿地努力，这可是最难的事情啊！那么家长们具体该怎样做、怎样把自己心里的想法变成孩子心里的志向呢？

（一）点燃孩子的梦想

1.看更大的世界

孩子即将进入青春期，体力、耐力大大增强，家长们一定要想办法让孩子开阔眼界，增长见识。比如利用假期，带孩子旅游，行程上可以比以前更远，也可以尝试让孩子离开家长参加夏令营，这些活动都有利于孩子自我意识的觉醒，自主能力的增强。

当孩子知道除了世俗的庸常，还有更高雅更美好的生活，并且向往自己过上这样的生活，这就是志向产生的土壤。

2.看更多的人

书中的优秀人物会点燃孩子的梦想，因此建议这个阶段家长们多让孩子看名人传记。

历史上的杰出人物都是孩子们的偶像，是他们日常生活中很难甚至无法遇见的，而书籍为他们打开了认识杰出人物的大门，有了这些精神偶像的引领，孩子的格局会更大，志向会更高远。

（二）用仪式感促进自我觉醒

自我觉醒是形成志向的前提。懵懂少年的觉醒往往在一瞬间，有时是被一件事刺激了，有时是被一个人感染了，有时是被一本书打动了，但这些都很有偶然性。如何能制造出这样一些促进觉醒的瞬间？仪式感，是教育者的一件法宝。

我们期望用神圣的仪式感，让每一个有意义的时刻留在孩子心中，精心设计的仪式往往可以让某一时刻富有神圣感，激发自豪感，起到促进自我觉醒的作用。

在家庭中营造仪式感，家长可以从以下两方面做起：

1.抓住特殊时间节点营造仪式感

中国有春节、清明、端午、中秋等诸多传统节日，每个节日都有约定俗成的习惯，如清明扫墓，端午赛龙舟、吃粽子，中秋吃月饼等。这种"仪式感"让节日变得格外有意义，也让孩子充满了期待。

2.赋予普通日子不一样的仪式感

除了传统节日，生活中其他的时间节点也是营造仪式感的好时机。例如新学期开学前，家长可以提前帮孩子调整作息，模拟开学节奏；可以认真陪孩子准备新学期需要的学习用品；可以教孩子给新课本包上书皮；还可以跟孩子一起制订新学期的目标。普通的事情认真做，就会有仪式感，它能唤起孩子想做更好的自己的愿望。

孩子的成长需要仪式感。那些充满仪式感的瞬间，能够在孩子的心间留下深刻的回忆，让他感受到内心的富足，让他变得更加热爱生活、尊重生活，从而激发孩子追求幸福生活的动力。

三、如何实现梦想

（一）把梦想分解成一连串小目标

当孩子有了高远的梦想，家长应给予肯定，但如果梦想不切实际，无法落实到实际行动中去，这时就需要家长帮孩子将大梦想分解成小目标。

当人们行动有了明确目标，并能把自己的行动与目标不断地加以对照，进而清楚地知道自己的行进速度与目标之间的距离时，人们行动的动力就会得到维持和加强，人们就会自觉地克服一切困难，努力达到目标，这种现象被称为"定位速效法"。对孩子来说，大目标太遥远，一时见不到效果，起不到激励作用，家长需要和孩子一起把梦想拆分成一个个可见的小目标——一个时期的目标、一个阶段的目标、一年的目标、一个月的目标、一个星期的目标、一天的目标……一个人追求的目标能够逐步实现，他就会不断进步。在实际努力过程中，目标可以不断调整，孩子觉得有希望，他就会主动努力。

（二）不断激励，建设支持性家庭

如果说家庭教育的第一个名字叫"影响"，那么第二个名字就叫"激励"。激励也大有讲究，需要注意以下三个原则：

1.针对性原则

表扬一定要有针对性，也许孩子的优点不是特别突出，那么家长可以在真实的基础上放大。只要家长多陪伴孩子，多观察孩子，就一定会发现孩子更多的优点。

2.实指性原则

如果家长在表扬孩子时只是说"你真棒"，这是远远不够的，应具体说出孩子棒在哪里，描述具体的细节对孩子来说才更有激励性。例如："我很欣赏你朗读的语气，像说话那么自然。""今天妈妈听你弹琴，觉得轻重快慢处理得非常好。""听爸爸说，这几天妈妈不在家，你能自己整理房间，还把爸爸扔在沙发上的衣服挂起来了。"这样有实指的表扬，孩子虽然有时候不怎么回应，但我们能明显感觉到孩子心情很好。

3.鼓动性原则

孩子的一点点进步，家长都要把它当回事，郑重地表扬，而且要想办法表扬得有鼓动性。鼓动性的核心在于家长的情绪，如果家长面无表情，表扬就也会变得冷冰冰。

日常总能看到孩子好的一面，并且语言充满了激励的家庭，孩子更容易一步步实现目标，我们称这种家庭为"支持性家庭"，希望家长能在日常生活中多肯定孩子的优点和进步。愿每个孩子幼年时期有良好习惯，少年时期有明确目标，青年时期有远大理想。

第24讲　如何做好小升初准备？

●导读

家长朋友们，孩子六年的小学生活就要结束了，站在小升初的十字路口，家长该如何选择？又该如何规划？有哪些细节需要注意？别担忧，我们追踪了很多小学毕业生，也与很多优秀的初中老师进行了交流，把这些经验与建议汇总成今天的课程，作为本书送家长的最后一份礼物，把对家长和孩子的祝福一同呈上，希望对家长和孩子有帮助！

●目标

一、教家长如何选择初中，如何用成长规划引领孩子成长；二、了解初中教学特点，并引领家长思考适合孩子的学习方式；三、如何度过小升初暑期的具体建议。

六年小学生活即将结束，孩子将要迎来人生的新起点，家长也要进入培养孩子的另一个阶段，相信家长和孩子既忐忑，又满怀希望地憧憬新的开始。小升初这一关键节点，不仅是一个挑战，更是一个非常好的教育契机。今天就来谈一谈如何利用好这一关键节点，给孩子提供帮助，让孩子尽快适应初中生活。

一、做好规划

规划是指南针，也是路线图，在这样一个节点，与孩子共同规划未来是既有实用性，又有仪式感的重要事情。为了做好这个规划，建议召开两次家庭会议，在平等公开的基础上，每个家庭成员都发表一下自己的看法，主要内容有两方面。

（一）确定上哪所初中

家长要先和孩子谈谈上哪所中学。如果有选择权的话，要和孩子一起选。这关系到孩子三年的心理发育、身体发育和学业成长，所以一定要让孩子发表意见，与孩子一起谈一谈选学校的理由。

如果是按片划分学校，没有选择权或者没必要选择的话，一样可以提前做些功课。比如可以提前带孩子参观初中学校，了解学校一般对新生有哪些具体要求，帮助孩子做好心理、学习、生活管理等方面的准备，这会让孩子更快融入新学校。

（二）确定孩子的成长方案

确定上哪所中学以后，接着可以讨论制订孩子的成长方案。

1.明确总目标和阶段目标

目标是人们做事情的动力和源泉。家长首先要和孩子一起设定中学三年的目标，接着可以是高中的，然后是大学的，甚至于大学毕业后的远期规划都可以展望、制订。因为目标是自己定下的，所以孩子实践起来会格外用心，哪怕累也觉得有价值。目标清晰以后，孩子也会朝着这个方向努力。

2.明确各自的职责

目标确定了，可以讨论成长方案的第二块内容——明确各自的职责。要明确孩子该干什么，妈妈需要干什么，爸爸需要做什么，这一部分可以讨论细一点。

3.明确奖惩的办法

职责明确后，讨论奖惩的设立。如果孩子达到预期的小目标，会有什么奖励？如果孩子完成阶段性的大目标，又该怎么兑现奖励？如果未完成的话又有什么惩戒措施？除了孩子，父母是否尽责也同样要纳入奖惩范围。父母做到了有什么样的奖励，做不到也同样有惩罚。每个人都有各自的任务，各自的职责。这样权责清清楚楚，到时候即使是接受惩罚，孩子也无话可说。

（三）正式记录方案并保存

最后，也是最重要的一步：把方案白纸黑字记录下来，一式三份，家庭成员各拿一份。这份方案就是家人关于孩子学业的约定，这个书面约定比口说效果好得多。孩子按照规划一步一个脚印地走下去，即使有弯路，也是在朝着目标努力。身边不少孩子的成长都得益于有好的规划。

二、端正学习态度

在初中学习生活中，学生面临的困难都是相似的，不同的是每个人的应对方式，而应对方式有差异的根源在于面对困难的态度如何。建议家庭中树立以下两种理念。

（一）学习是快乐的

学习本身是很有乐趣的，徜徉文学殿堂，感悟文字的唇齿留香；漫步数学空间，感悟数学的简洁对称流畅。任何一门学科都奥妙无穷，都有大美在其中，是值得人孜孜不倦研究一生的。所以家长在家里一定要传递这样一种态度：学习是一件很有价值、充满乐趣的事情。

如果家长本身曾从学习中感受到了这种美和乐趣，请一定把它传达给孩子，这比一切说教都有用；如果家长没有这样的体验，不必勉强，但是可以将对知识的尊重、对学习的重视传递给孩子。

（二）吃苦是必要的

升入初中，学习科目增多，作业量加大，孩子的确会比较辛苦。

这个时候家长首先要端正态度，认识到吃苦是孩子成长中必须经历的，现在的孩子，生活上基本没吃过什么苦，唯一能体验的苦，就是学习的压力和困难。

家长端正态度之后，可以通过日常言谈让孩子明白，人生不同阶段都有不同的使命。在学生阶段，努力学习、争取优异的成绩就是他们最重要的使命。只要不危害健康，为此吃苦受累是值得的。年轻时为了心中的目标努力奋斗是最值得骄傲的，也是最"酷"的事情。

三、调整学习方式

初中跟小学阶段的区别，可以总结为"三多一少"：科目多了、老师多了、作业多了，但老师盯得少了。同时知识的深度、难度加大了，而且考试常常超出课本，要注重课外知识的拓展、综合能力的培养。这就要求孩子在学习习惯、学习方法和学习态度上既要保持小学时期强调的好习惯，又要有所调整。

1.制订学习计划

进入初中课程多了，孩子要学会制订学习计划，如果不能制订计划，不能合理地安排学习时间，就会顾此失彼。家长可以指导孩子根据自身特点制订适合自己的学习计划，如每天的作息时间、优势学科和弱势学科的时间分配等。

2.自主学习更多

和小学相比，初中课堂提问、互动明显减少，大段讲述增加，这就要求学生听讲更专心。无论老师是否提问自己，都要在心中主动回答，并和老师的思路对照，寻求最佳。

3.三先三后一总结

培养先预习后听课、先复习后做作业、先独立思考后发问讨论，边学习边归纳总结的学习习惯，我们可以称为"三先三后一总结"。

四、小升初暑期安排建议

小升初的暑假是个"特殊"的假期，小学老师不再布置作业，中学老师还没有接手，是个难得的自主规划时期。对这个小升初的关键假期，孩子可以重点做这四件事。

（一）练字

一手漂亮的字是送给初中老师最好的见面礼，任何一个学科都需要清晰美观的书写。

（二）阅读观影

文学阅读中，冰心的作品比较适合小学生，而且也是七年级的必读书目；四大名著中的《西游记》和《水浒传》比较适合小学生阅读，且还是中招必考篇目，如果没有读过，建议利用假期这个相对完整的时间读完。同时，看一些经典电影和纪录片是另一种非常有益的阅读方式。

（三）安排一次夏令营活动

这个暑假，建议孩子尝试一次离开父母的儿童夏令营活动，让孩子在独自生活中感受到成长、独立和责任。让孩子明确地意识到自己长大了，自己是中学生了，自己和过去不一样了。

（四）加强体育锻炼

体育锻炼不仅能让孩子享受到运动的乐趣，还能增强体质、健全人格、锤炼意志。身体素质的提高不是一朝一夕的事情，小升初的暑期就可以开始有计划、有针对性地进行体育锻炼。每天早上告别睡懒觉，在田径场或球场上用汗水和晨风打招呼，强健体魄，焕发活力。

家长朋友们，站在小升初的十字路口，我们要多与孩子进行交流，引导孩子保持良好的心态，用自信和微笑迎接初中生活！